AF892024

Doña Rosita la soltera
o El lenguaje de las flores

Καὶ νέους θάρσυνε· νίκης δ' ἐν θεοῖσι πείρατα.

ΑΡΧΙΛΟΧΟΣ

ΕΛΕΓΕΙΑ, ΤΕΤΡΑΜΕΤΡΑ (57 D)

Anima tú a los jóvenes: a los dioses les toca determinar el triunfo.

Arquíloco

Elegías, tetrámetros (57 D)

CÁTEDRA BASE

Doña Rosita la soltera o El lenguaje de las flores

Federico García Lorca

Edición de José Luis Serer Vicens

CÁTEDRA

Colección dirigida por José Mas y M.ª Teresa Mateu

1.ª edición: marzo de 2025

Diseño y cubierta: M. A. Pacheco y J. Serrano
Ilustración de cubierta: Victor Gabriel Gilbert (1847-1933),
Un mercado de flores parisino (detalle)

© De la introducción y notas: José Luis Serer Vicens
© Ediciones Cátedra (Grupo Anaya, S. A.), 2025
Valentín Beato, 21. 28037 Madrid

ISBN: 978-84-376-4864-4
Depósito legal: M. 25.154-2024
Impreso en España - Printed in Spain

PAPEL DE FIBRA CERTIFICADA

Reservados todos los derechos. El contenido de esta obra está protegido por la Ley, que establece penas de prisión y/o multas, además de las correspondientes indemnizaciones por daños y perjuicios, para quienes reprodujeren, plagiaren, distribuyeren o comunicaren públicamente, en todo o en parte, una obra literaria, artística o científica, o su transformación, interpretación o ejecución artística fijada en cualquier tipo de soporte o comunicada a través de cualquier medio, sin la preceptiva autorización.

ÍNDICE

9 **Introducción**

9 Es de justicia...
10 El niño y joven Federico
11 «Federico, estudia». Vicenta Lorca
13 La Residencia de Estudiantes
14 Necesidad de un cambio
15 La Barraca
17 Federico, voz nueva en el teatro español del siglo XX
19 *Doña Rosita la soltera o El lenguaje de las flores*
19 Estreno y anécdota
20 Origen y motivo central
20 ¿Qué representa doña Rosita?
21 «El drama de la cursilería española»
21 El título
22 «Poema granadino del novecientos...»
22 «... dividido en varios jardines...»
23 «... con escenas de canto y baile»
23 El espacio
24 Lirismo
24 Personajes

27 Personajes secundarios
30 Esta edición
31 Bibliografía esencial

33 **Doña Rosita la soltera o El lenguaje de las flores**

35 Acto primero
56 Acto segundo
84 Acto tercero

105 **Después de la lectura**

105 «Lo que me ha pasado le ha pasado a mil mujeres»

INTRODUCCIÓN

Es de justicia...

El tiempo es nuestro gran juez, y admitir su evidencia, desde la humildad que confiere el ejercicio de la reflexión humana, nos ayuda a entender los hechos del pasado y dar tributo merecido a quienes, como Federico García Lorca, contribuyen (en presente) a que, con su obra, tengamos mayor conocimiento de la realidad y que además sea transmitida desde la belleza de la literatura. Cualquier intento de aprendizaje en el que la información del objeto de estudio esté sesgada por prejuicios y escaso interés —en este caso la vida y obra de nuestro autor— puede llevarnos a un conocimiento parcial y mediatizado.

El poeta granadino Luis García Montero, en el capítulo «Las leyendas del sur» de su extraordinario ensayo *Un lector llamado Federico García Lorca*, afirma que «formarse no es solo informarse, sino hacerse». Bien es cierto que esta reflexión parte del contexto de la necesidad de identificar la voz y estilo propios de Lorca, cuyo origen está en Andalucía y su significación mística. Pero también resulta una verdad que conviene tener en cuenta no solo en el estudio de esta obra, sino en cualquier proceso de formación, por supuesto, en el tuyo y el mío.

Iniciamos la senda del conocimiento de Lorca desde la tarea nada fácil de reconocer su identidad y la magnética influencia de la tradición y cultura andaluza en su obra. Además, todo en él adquiere sentido desde una cosmovisión personal que traspasa los límites de su Fuente Vaqueros natal y recoge las experiencias humanas y artísticas que lo configuran a lo largo de su corta vida. Destaca entre estas su afán por la lectura, propiciada por un ámbito social y económico favorable y compartido desde el seno de una familia interesada por la cultura y el conocimiento de los grandes pensadores, escritores, artistas... no solo del contexto español. Además, la relación de nuestro autor con un importante grupo de personas fue clave en todas las etapas de su vida en el proceso de madurez intelectual y la búsqueda de su propia identidad literaria.

Es cierto que su vida y obra siempre han suscitado grandes pasiones, también incógnitas. Alcanzar un conocimiento más amplio y profundo es posible gracias a los grandes trabajos realizados por la crítica (uno de los más reconocidos lo tienes referenciado en la bibliografía).

Este rodeo preliminar permite rechazar el tópico tan utilizado de «poeta salvaje», atribuido frecuentemente a escritores como Lorca y que tan poco favor concede a su persona y su obra. La naturaleza de un artista define su obra, y en él dos son las actitudes personales que conviene destacar: una naturaleza arrolladoramente artística y una innata curiosidad y atención ante todo lo que le rodea —en *Viajes por España (1830-1833),* el hispanista Richard Ford afirmará que los granadinos tienen el «germen contemplativo»—. El propio Federico (así lo nombramos a partir de ahora) se reconoce como un alma inquieta: «Yo siempre fui intranquilo» (1921). Así fue y será desde su nacimiento el 5 de junio de 1898 hasta su asesinato en 1936.

El niño y joven Federico

En el poema fabulado *Los encuentros de un caracol aventurero,* podemos admirar esa actitud contemplativa referida anteriormente. Es una obra de aparente armonía por lo narrado y su tono infantil, pero ya poseída de una carga simbólica que muestra esa actitud de constante contradicción e inquietud interna del poeta desde temprana edad. Es imposible no verlo identificado en «el caracol, pacífico burgués de la vereda».

La infancia de Federico transcurre con la sorprendente capacidad de observar, admirar y sentir como algo propio todo aquello que le ofrece la huerta y la vega de Granada, desde Fuente Vaqueros hasta Asquerosa (periodo que comprende de su nacimiento hasta 1909, cuando la familia se traslada a la ciudad), inundando su lirismo de cigarras, caracoles, lagartos y ranas, cantos de la vega, viento del sur, noches de estrellas, puestas de sol sobre los trigales... Como ya hemos señalado, la sensibilidad hacia lo que le rodea está íntimamente relacionada con el contexto familiar y social.

Federico es hijo de Federico García Rodríguez, hombre de campo, de éxito social y económico, inteligente, sensato, respetado, de buen corazón, y de Vicenta Lorca Romero, humilde, maestra, inteligente y apasionada de la cultura, madre protectora, exigente y de aura melancólica. Tuvo cuatro hermanos, Luis (fallecido a los dos años por enfermedad), Francisco, Concha e Isabel.

Destaca por su precocidad y habilidad musical, orientación artística dirigida en gran medida por su madre y que será clave en la configuración de su universo literario. La tradición popular lírica surge de la emoción de lo experimentado (cantos, juegos, folclore y tradición transmitida), pero, posteriormente, también del estudio y lectura de aquellos espacios literarios en que se recoge la tradición oral y musical de diversas culturas, como los cancioneros. Esta influencia contribuye progresivamente a configurar esa voz y estilo propios tan presentes en Federico.

«Federico, estudia». Vicenta Lorca

Con diez años, Federico había iniciado su formación académica en Almería, bajo la tutela del profesor Antonio Rodríguez Espinosa. Un año después, en 1909, la familia se traslada de alquiler a la casa de Granada cerca de Puerta Real, en la Acera del Darro. Cinco años de estudios de Bachillerato en el colegio Sagrado Corazón de Jesús sirven para reconocer la actitud natural de Federico ante lo acontecido y el escaso interés por los estudios reglados, aunque esta etapa de formación deja experiencias que el autor imitará en su obra.

En 1914, más por prescripción paterna que por voluntad, se abre un futuro incierto en la Universidad de Granada (Filosofía y Letras y Derecho). Finalizará únicamente esta última. Ahora bien, esta etapa le permite relacionarse con profesores y personajes decisivos en su formación y trayectoria literaria. Ejemplo de ello es el bibliotecario Francisco Guillén Robles, entre otros, como Domínguez Berrueta, profesor de Teoría de la Literatura, quien, a través de la organización de viajes de estudio por España, estimula efusivamente en los alumnos su importante patrimonio cultural y artístico. Así, en 1916 conoce a Machado en Baeza y posteriormente, entre otras, las ciudades de Ávila y Salamanca, donde queda admirado de la influencia de santa Teresa y Unamuno, respectivamente. En estos viajes y después de desestimar la carrera musical, Federico cultiva lo que él llamó el «patético afán» hacia la poesía.

Entre las influencias decisivas, es fundamental la amistad posterior con el compositor Manuel de Falla, quien reconoce, según nos cuenta el hermano en *Federico y su mundo* (1980), que «los cantos y los juegos infantiles son las primeras fuentes musicales que se incorporan al alma de Federico». Y, cómo no, la figura prestigiosa de Fernando de los Ríos, impulsor de la Institución Libre de Enseñanza, cuya intención pedagógica buscaba la transformación social y cultural de España.

1917 es la fecha considerada como el inicio de su actividad literaria con obras en prosa, donde está presente, entre otros temas, la imposibilidad del amor y el sentimiento generalizado de fracaso. Todo ello desde un tono nostálgico y melancólico. Estas primeras obras anticipan la preocupación de Federico por reivindicar la fatalidad de los personajes, la mayoría femeninos, cuyo drama personal es la no materialización del amor perseguido y por tanto la felicidad.

En *Impresiones y paisajes*, 1918, Federico se sirve de la prosa descriptiva para trasladar su experiencia en esos viajes por España, además de una parte dedicada a la ciudad de Granada, con una visión romántica y enraizada de la belleza y los contrastes de dicha ciudad.

La inquietud cultural del poeta y el gusto por la escena teatral son motivados en gran medida por Vicenta Lorca, su madre, de quien destacábamos antes su pasión por la cultura. Este entusiasmo aumenta con las posibilidades culturales de Granada. De hecho, las incursiones de la familia por sus salas de teatro llevan al joven Federico a dirigir pequeñas representaciones en el ámbito doméstico, con la complicidad de la familia y las criadas, quienes se prestan a ser actores y actrices improvisados del futuro gran dramaturgo.

La Residencia de Estudiantes

> Era irresistible... Podía leer cualquier cosa, que la belleza brotaba de sus labios. Tenía pasión, alegría, juventud. Era como una llama.
>
> Luis Buñuel (1982)

La incorporación de Federico a la Residencia de Estudiantes en 1919, proyecto innovador que nace de la Institución Libre de Enseñanza, es decisiva en su proceso de madurez intelectual y personal.

De la recomendación inicial de ingreso por parte de Fernando de los Ríos, en la que califica a Federico de la siguiente manera: «Ahí va ese muchacho de anhelos románticos [...], es uno de los jóvenes en que hemos puesto más vivas esperanzas», a la consideración que hace de él un periodista de *La gaceta universitaria* en 1927 como «el poeta oficial de la Residencia», transcurre una etapa prolongada (1919-1928), periódicamente interrumpida por las idas y venidas de Granada, pero que supone un torrente de contactos, amistades e influencias determinantes en la evolución estética y personal de Federico. Salvador Dalí, Rafael Alberti, Pepín Bello, Buñuel, Emilio Prados... son algunos de los coprotagonistas de este periodo.

Pero, en la vida, éxito y decepción coinciden. Es un periodo de efervescencia artística en que cultiva la poesía, el teatro, incluso la pintura, pero también se evidencian reveses personales, como el abandono de los estudios universitarios y el fracaso que supuso su primera obra teatral *El maleficio de la mariposa,* estrenada en el Teatro Eslava de Madrid el 22 de marzo de 1920 y que apenas duró cuatro representaciones. Por todo ello, hay motivos suficientes para que la familia reclame su regreso a Granada. Ante esto, Federico tiene que defender su decisión por permanecer en la Residencia, puesto que, como contesta de forma vehemente a su padre en una carta: «En mi camino estoy, papá. ¡No me hagas volver la vista atrás!... Aquí escribo, trabajo, leo, estudio. Este ambiente es maravilloso... Yo te suplico de todo corazón que me dejes aquí...».

De esta etapa destacamos por un lado su producción lírica: *Libro de poemas* (1927), *Odas* (1926-1928), *Canciones* (1927), *Primer ro-*

mancero gitano (1924-1927). En cuanto a obras de teatro, a la mencionada *El maleficio de la mariposa* (1919) le seguirán *Los títeres de Cachiporra* (1922), *Mariana Pineda* (1925), *La zapatera prodigiosa* (1926), *Amor de don Perlimplín con Belisa en su jardín* (1926).

1927 es un año clave también en lo que se refiere al devenir de la literatura española tras la reunión fundacional de la generación del 27, celebrada en Sevilla en diciembre de ese año, con el pretexto de la conmemoración del tercer centenario de la muerte del poeta Luis de Góngora.

Necesidad de un cambio

> La culpa es de la vida y de las luchas, crisis y conflictos de orden moral que yo tengo.
>
> Federico García Lorca (1929)

Hacia 1929 Federico sufría una crisis personal, entre otras cosas, tras las desavenencias con Salvador Dalí y la ruptura sentimental con el escultor Emilio Aladrén. Será Rafael Martínez Nadal, amigo íntimo de Federico, quien aconseje a su padre que quizá un viaje vendría bien dada la situación. Este se materializa con la oportunidad de acompañar a Fernando de los Ríos a Estados Unidos en junio de ese mismo año. Este viaje se prolongará hasta 1930, haciendo escala en Vermont y Cuba, antes de su regreso a Granada, justo un año después.

Es sin duda un viaje de expectativas iniciales, ánimo no le faltaba en ello, y de posterior choque y contrastes con una realidad que nada tiene que ver con la de España. Un emocionado Federico recibe de esta forma la modernidad de la ciudad, el ambiente de las calles, con su bullicio inicialmente atractivo: «New York es alegrísimo y acogedor. La gente es ingenua y encantadora. Me siento bien aquí».

De esta estancia surge el libro *Poeta en Nueva York*, obra de gran simbolismo e influencia surrealista. Son muchas las impresiones recogidas en este libro que reflejan las experiencias personales de su estancia, sobre todo a partir de la cultura de Nueva York, de sus calles y distintos lugares que visita, del sorprendente conocimiento de los negros neoyorquinos, de quienes admira su identidad y cultura, análogas a la andaluza en su música y forma de expresión.

El libro y, en concreto, la «Oda a Walt Whitman», es para gran parte de la crítica trasunto personal y temático de la homosexualidad de Lorca. Desde su infancia, la exploración de su intimidad afectiva y sexual se había abordado desde su revelación y ocultación simultáneas. En este sentido, los rumores acerca de este aspecto, en el contexto de las costumbres sociales de la época, llevaron a la reticencia e incluso el doloroso rechazo entre compañeros de la Residencia. Esta presión coartó de por vida una esperada confesión abierta en un ámbito no estrictamente literario, como el de las cartas personales que poseemos del autor.

La obra también está impregnada del desengaño progresivo que supone la reflexión de temas como la visión subjetiva y negativa del capitalismo y el modo de vida americana (recordemos 1929 como la gran crisis financiera), con sus terribles consecuencias: la deshumanización de la ciudad, la degradación medioambiental y, sobre todo, el reflejo de quienes ven relegada su existencia opresiva y de destino incierto. Una lectura, la de *Poeta en Nueva York*, que aún hoy es una valiosa metáfora de nuestra civilización.

La Barraca

> El teatro es uno de los más expresivos y útiles instrumentos para la edificación de un país, y el barómetro que marca su grandeza o su descenso.
>
> Federico García Lorca
> en una charla sobre el teatro (1935)

El 14 de abril de 1931 se proclama la II República. En este ambiente de efervescencia política y deseo de restablecer derechos y libertades, Lorca ve la oportunidad de llevar a cabo La Barraca, un proyecto de educación a través del teatro. «Ahora estoy perfilando los últimos toques a La Barraca. Que es el teatro de la F. U. E. de la Universidad de Madrid. Los estudiantes van a lanzarse por todos los caminos de España a educar al pueblo. Sí, a educar al pueblo con el instrumento hecho para el pueblo, que es el teatro y que se le ha hurtado vergonzosamente». Para lograr este ambicioso objetivo, cuenta con el apoyo de Fernando de los Ríos, ministro de Instrucción Pública y Bellas Artes.

El proyecto se inicia el verano de 1932 y, pese al carácter integrador de la compañía, con miembros de distinto sexo y sin importar ideología y creencia religiosa, La Barraca se encuentra con una fuerte y negativa reacción de sectores conservadores, de la prensa reaccionaria ante la república y de quienes veían en Federico un «aprovechado» de las ayudas y los permisos otorgados.

Durante la gira de la compañía y hasta que empieza su declive, motivado por la pérdida de subvenciones y el cada vez mayor auge y poder de la derecha (CEDA), Federico escribe obras de gran éxito como *Bodas de sangre* y *Yerma*. Esta última se gestó en la huerta de San Vicente, espacio de descanso veraniego de la familia. Ambas desarrollan dos de los grandes temas de la producción dramática lorquiana: la primera, el amor inalcanzable y el deseo como fuerza ineludible que desemboca en muerte, en la segunda este final trágico es el resultado de la presión que sufre una mujer incapaz de ser madre.

Doña Rosita la soltera será su última obra representada en vida, como veremos a continuación. En cuanto a *La casa de Bernarda Alba*, drama social y familiar, finalizada en junio de 1936, habrá que esperar, tras su muerte en 1945, para su estreno en Buenos Aires (Argentina). La obra de Federico no iba a quedar en el olvido, ni mucho menos.

Es en este momento de éxito en el estreno de obras y creación literaria cuando Federico se muestra como artista consciente de la necesidad de dar un paso adelante en su compromiso social y político: «Desde luego, hoy en España no se puede ser neutral» declarará en carta a sus padres. Su apoyo al Frente Popular corrobora esta actitud, reflejada en acciones como encabezar la firma en *Mundo obrero* del manifiesto a favor de la república.

El 16 de febrero de 1936 vence el Frente Popular y las noticias de una sublevación militar son cada vez más creíbles. Ante los acontecimientos que se suceden con rapidez, Federico, lejos de exiliarse, muestra (en su última entrevista, publicada ese mismo año en el diario *El Sol)* una idea de España que suponía un enfrentamiento directo con la ideología subversiva: «Canto a España y la siento hasta la médula, pero antes que esto soy hombre del mundo y hermano de todos», «Yo soy español integral, y me sería imposible vivir fuera de mis límites geográficos», «Y execro al hombre que se sacrifica por una idea nacionalista abstracta, por el solo hecho de que ama a su patria con una venda en los ojos». Lejos de paralizar su actividad literaria, Federico inicia la escritura de *Los sueños de mi prima Aurelia*, obra que no culminará.

Y... después, todo sucedió demasiado rápido.

El 13 de julio de 1936, pensando estar a salvo de la rebelión militar, Federico vuelve a Granada. El 20 de julio cae la ciudad en manos de los sublevados. La resistencia no impide el bombardeo del Albaicín dos días después. Granada se rinde. Los fusilamientos se suceden ininterrumpidamente. Ni la intervención de Luis Rosales y de su familia, todos ellos vinculados a la Falange, pudieron impedir, pese a acogerlo en su propia casa, que Federico García Lorca fuera detenido y fusilado el 16 de agosto de 1936 a la edad de 38 años.

«Por eso te mataron, porque eras verdor en nuestra tierra árida y azul en nuestro oscuro aire», escribió sobre él Luis Cernuda en «A un poeta muerto», de su libro *Las nubes* (1937-1940).

Federico, voz nueva en el teatro español del siglo xx

> El teatro necesita que los personajes que aparezcan en la escena lleven un traje de poesía y al mismo tiempo que se les vean los huesos, la sangre.
>
> Federico García Lorca
> en una entrevista concedida a Felipe Morales (1936)

El teatro español durante el primer tercio del siglo xx, periodo en que Federico desarrolla su producción, está caracterizado por tradiciones e influencias variadas que hacen difícil su clasificación. Podemos destacar como rasgos generales:

- Un público numeroso.
- Variedad en la producción de obras y de ahí la posibilidad de elección (teatro decimonónico, teatro cómico, teatro de corte clásico, teatro poético en verso, teatro de temas graves).
- Autores centrados en la comedia del gusto del público.

En este contexto, Federico, junto a otras voces como la de Valle-Inclán y Ramón Gómez de la Serna, aporta una voz distinta a este panorama teatral. Para él, como exponía en *La Voz de Madrid* el 7 de abril de 1936, «El teatro es la poesía que se levanta del libro y se hace humana». A través de esta bella metáfora que contiene una personificación, nos da pistas acerca de su concepción del teatro y cuál ha de ser su intención. Es expresión viva e inmaterial «explicar con ejemplos vivos...» y no está destinado a perpetuarse. Además, afirma que el teatro, «una vez creado, se desvanece», facilitando así la necesidad de que el espectador sea quien construya los significados de la obra a partir de la experiencia que identifica con ejemplos vivos. Es este impulso de externalizar el sentimiento humano en la obra teatral, en un contexto histórico y una situación dramática comprensible a todos, el que vincula a Federico con la tradición teatral romántica, a través del drama modernista de autores como Marquina y Villaespesa, que ejercieron gran influencia en nuestro autor.

Al mismo tiempo, lo diferencia una visión crítica acerca de la idea de un teatro burgués, comercial, muy de moda, con autores destacados como Echegaray y Benavente. «Mientras que actores y autores estén en manos de empresas absolutamente comerciales, libres y sin control literario ni estatal de ninguna especie, empresas ayunas de todo criterio y sin garantía de ninguna clase, actores, autores y el teatro entero se hundirá cada día más, sin salvación posible» (Lorca, 1935). Las obras de estos, sin duda de gran éxito, se apartan de la idea de Federico sobre el teatro.

«Los teatros están llenos de engañosas sirenas coronadas con rosas de invernadero, y el público está satisfecho y aplaude viendo corazones de serrín y diálogos a flor de dientes; pero el poeta dramático no debe olvidar, si quiere salvarse del olvido, los campos de rosas, mojados por el amanecer, donde sufren los labradores, y ese palomo, herido por un cazador misterioso, que agoniza entre los juncos sin que nadie escuche su gemido» (Lorca, en una charla sobre el teatro leída por primera vez en Buenos Aires en 1933). Esta expresión lírica sobre el teatro se traduce en una concepción de «poema dramático» a la que debemos añadir una intención no estrictamente realista, desde el sentido dogmático de la definición. Más bien, el teatro posee un valor didáctico que está en la naturaleza de aquello que representa. No olvidemos que, como el resto de autores de la generación del 27, Federico, además de escritor instruido y formado en los principios de las ideas estéticas de la vanguardia artística y de la tradición literaria y en el uso de lo popular y de lo culto, tiene interés por transformar la realidad mediante el arte.

Por último, el tratamiento que Federico hace de los grandes temas universales —como la muerte, el destino trágico, el paso del tiempo, la opresión y la reivindicación de la rebeldía—... marca de forma original su obra, no solo dramática. En este sentido, no debemos olvidar que, además del innegable impulso creativo de nuestro autor, el acceso y constante interés por la lectura de grandes autores, no solo literarios, es clave en esta orientación temática.

Doña Rosita la soltera o El lenguaje de las flores

Estreno y anécdota

Doña Rosita se estrena el 12 de diciembre de 1935 en el Teatro Principal de Barcelona. La compañía de la prestigiosa actriz Margarita Xirgu se encarga de realizar esta producción teatral que tuvo éxito y aceptación por parte de la crítica. Desgraciadamente, será la última obra que Federico estrenará en vida.

Se produjo un hecho anecdótico digno de mencionar: todas las noches, previo a la función, el autor recibe un ramo de flores de forma anónima. Más adelante se desvela que se trata de un obsequio de las floristas de la rambla. Emocionados, Federico y Margarita responden con bellas palabras de agradecimiento, a la vez que dedican una función especial a este grupo de mujeres:

Esta noche, mi hija más pequeña y más querida, Rosita la soltera, la señorita Rosita, doña Rosita, sobre el mármol y entre cipreses doña Rosa, ha querido trabajar para las simpáticas floristas de la rambla, y soy yo quien tiene el honor de dedicar la fiesta a estas mujeres simpáticas de risa franca y manos mojadas, donde tiembla de cuando en cuando el diminuto rubí causado por la espina.

Origen y motivo central

En la concepción de una obra literaria intervienen muchos factores. Normalmente se trata de un proceso largo, no ajeno a las circunstancias personales de su autor. *Doña Rosita* es un ejemplo claro de ello. Su estreno, como sabemos, fue en 1935, año de gran capacidad creadora para Federico, pero, como el propio autor nos indica en una entrevista concedida a Felipe Morales en 1936 en *La Voz de Madrid,* llevaba años gestándose a partir de un motivo que inspira la historia y su propósito:

> Mi última comedia, *Doña Rosita o el lenguaje de las flores,* la concebí en el año mil novecientos veinticuatro. Mi amigo Moreno Villa me dijo: «Te voy a contar la historia bonita de la vida de una flor: La rosa *mutabile*, de un libro de rosas del siglo dieciocho». Venga. «Había una vez una rosa...». Y, cuando acabó el cuento maravilloso de la rosa, yo tenía hecha mi comedia. Se me apareció terminada, única, imposible de reformar. Y, sin embargo, no la he escrito hasta mil novecientos treinta y seis. Han sido los años que han bordado las escenas y han puesto versos a la historia de la flor.

Como cabe pensar, se deduce un lapsus del propio Federico a la hora de fechar la finalización de su obra.

¿Qué representa Doña Rosita?

Doña Rosita es probablemente la obra más personal de Federico en tanto que reconocía en ella parte de su infancia y juventud, personajes y contexto que remiten a la realidad del espacio íntimo del hogar en su pueblo natal, Fuente Vaqueros, y su ciudad, Granada.

En esencia, la historia se desarrolla en un ambiente de romanticismo decadente, en el contexto histórico de la España del 98 en una ciudad de provincias y con un elenco de personajes que en general representan el fin de una clase social.

El tema principal se centra en el drama de Rosita, joven comprometida y destinada al matrimonio con su primo y novio. Este ha de marchar a Tucumán (Argentina) para cumplir con obligaciones familiares de trabajo. El primer acto finaliza con una promesa de regreso y casamiento a la que Rosita responde esperanzadamente. Pero el tiempo consuma el desengaño amoroso y la traición del novio. La soltería es el destino final de la protagonista.

«El drama de la cursilería española»

Cursi es la persona que pretende ser elegante y refinada sin conseguirlo. Como consecuencia, su actitud es hipócrita y, por supuesto, puede llegar al mal gusto.

Federico, que adoptó una visión más social en su obra, utiliza la cursilería como pretexto para mostrar la decadencia de la sociedad que retrata y acentuar el drama personal de la protagonista. La obra deriva de ese planteamiento inicial, irónico y cómico en ciertos aspectos, a una profunda y dramática reflexión, cuya intención es reivindicar el personaje como trasunto de todas las mujeres que, engañadas y resignadas ante un futuro que no se va a materializar, sufren esa misma situación.

El título

El título de la obra, *Doña Rosita la soltera,* es un guiño claro al nombre de la protagonista y al motivo mencionado anteriormente, la «rosa *mutabile*». Federico añade un subtítulo, *El lenguaje de las flores*, que Francisco, su hermano, atribuye a la consulta de guías ilustradas sobre distintos temas y que eran muy populares en aquel momento.

«Con *Doña Rosita la soltera o El lenguaje de las flores*», declaró Federico, «he querido realizar un poema de mi infancia en Granada, en el cual salen criaturas y ambientes que yo he conocido y sentido» (en Monleón, 1976: 12-13).

Por otra parte, añade: «Poema granadino del novecientos, dividido en varios jardines, con escenas de canto y baile», información esta que nos aporta el contexto histórico en el que se desarrolla la acción, así como aspectos estructurales y de estilo que pasamos a comentar brevemente.

«Poema granadino del novecientos...»

La obra recibe el apelativo de «drama del tiempo» y es que todo está supeditado a su paso inexorable, tema universal de la literatura universal. En la obra, el tiempo externo, situado en 1885, 1900 y 1911, se asocia a la edad de Rosita, 20, 35 y 46 años, respectivamente, y marca la secuencia narrativa del drama. Para la protagonista, el tiempo se ha detenido desde el primer acto y esta evidencia no la vamos a poder comprobar hasta el final de la obra, cuando reconoce que era consciente de todo lo que ocurría: «yo lo sabía todo», «un día bajo al paseo y me doy cuenta de que no conozco a nadie».

«... dividido en varios jardines...»

Los jardines equivalen a los tres actos y adquieren un valor simbólico. El primero es el jardín de la primavera, de la confianza del amor prometido, pese a la distancia entre los amados. El segundo, el de un otoño que mantiene la esperanza, aunque amenazan nubes por las informaciones y sugerencias de otros. Por último, el invierno, jardín en que todo se ha perdido, el abandono se ha confirmado y la soltería se consuma. El final coincide con el abandono de ese espacio que mantenía la esperanza de la protagonista y también la de sus acompañantes, la tía y el ama.

«... con escenas de canto y baile»

Las canciones y bailes se relacionan con diálogos de ingenio y apariciones de personajes variopintos, cuyas vidas nada cambiarán el desarrollo de la escena, lo que acrecienta la sensación de soledad y desamparo emocional de doña Rosita.

El espacio

«Al lugar donde fuiste feliz no debieras tratar de volver» (Félix Grande, 1966), dicta la letra de una canción de Joaquín Sabina. Y es que es común el interés de los artistas por descubrir a través de sus obras los lugares importantes de su pasado: «Mi infancia son recuerdos de un patio de Sevilla / y un huerto claro donde madura el limonero», diría Antonio Machado en su poema «Retrato».

Lo que ocurre es que esta práctica puede llevarnos a caminos distintos. Uno de ellos, la nostalgia, no es más que el sentimiento de tristeza que produce la evocación del pasado, sentimiento que los griegos interpretaban como dolor (νόστος, *nóstos:* 'regreso' y -αλγία, *-algía, algia:* 'dolor').

Lorca también recurre a la evocación utilizando un espacio deseado por él. En *Doña Rosita,* obra teatral de madurez, el marco espacial en el que se desarrolla la acción es la ciudad de Granada. Y en concreto, un «carmen». Este es un espacio privado delimitado, doméstico, muy del gusto de Federico —el *carmen* granadino—. En este ámbito cotidiano y doméstico, los elementos simbólicos adquieren la significación de una historia, la de Rosita, que trasciende lo personal para convertirse en un asunto social, opresor y callado a la vez; narración marcada también desde una perspectiva y estructura temporal que facilita esta sensación. De este modo, Federico logra trasladar una «comedia de la cursilería», pero también, como hemos visto, «drama del tiempo».

Además, la idealización del espacio es utilizada por el autor para generar el contraste que acentúa como hemos dicho el drama. También el espacio Tucumán, que remite a la ciudad San Miguel de Tucumán y posee la carga emotiva referida a la emigración de granadinos en busca de una vida más fructífera y feliz, se identifica en el propio texto con el lugar maldito del que finalmente no regresa el primo, aquel que debía procurar la felicidad prometida a la protagonista.

Lirismo

«El teatro es la poesía que se levanta del libro y se hace humana. Y al hacerse, habla, grita, llora y se desespera...» (Lorca, 1936).

La obra alterna la prosa y el verso en determinados momentos. No olvidemos que la inclusión de manifestaciones líricas es parte del sello de identidad de Federico como dramaturgo, fruto de una raigambre familiar y popular originada desde niño. Así lo atestigua su hermano Francisco en *Federico y su mundo* (1980): «Aunque fue precoz en el hablar, la música precedió en él a la palabra». «Durante los ocho o nueve años que vivimos en la Acera del Darro desfilaron por nuestra casa criadas [...], a quienes mi hermano (lo ha dejado escrito) debía mucho, por haber aprendido de ellas canciones, romances y melodías populares». Como sabemos, también su madre contribuyó al interés por la lírica a través de los estudios musicales.

Ejemplo en *Doña Rosita* de dicha influencia es la referencia a la ópera *Las hijas de Jepthé* de su estimado profesor Antonio Segura, y que en la obra es atribuida a otro profesor, don Martín, su *alter ego.* Y, cómo no, el empleo del verso en los diálogos y momentos líricos cuyo logro es crear cierto paréntesis narrativo en la escena, intervenciones que agradarían con seguridad a los espectadores.

Personajes

En el conjunto de la obra de Federico, los personajes son reales hasta el punto de poder identificarlos en muchas ocasiones en su ámbito familiar y social. Este conocimiento e introspección de lo conocido le permite construirlos de forma que los eleva a la categoría de personajes arquetípicos (doña Rosita es «la solterona»). Esto hace que la obra de Lorca sea excepcional, como bien sabemos.

De entre los personajes lorquianos, sin duda son los femeninos los que dominan su producción teatral. Para Federico, la mujer representa modelos de conducta y situaciones que, formando parte de la cultura e ideario social de la época, son idóneos para trasladar los grandes temas de su obra.

Rosita es el personaje principal. La elección de su nombre, significativo en cuanto alusión directa al motivo ya explicado, también lo es en el empleo, nada casual, del diminutivo que se mantiene en la madurez de la protagonista. Del nombre Rosita, que alude a una persona joven en un ámbito familiar de protección, cabría esperar un cambio si todo hubiera sucedido como se esperaba. El paso de los años remite a la doña Rosita del título, en calidad de «solterona», de mujer que, lejos de alcanzar el estado deseado, permanece «anclada» en una situación inaceptable, ridícula si queremos.

En ella vemos, durante el primer y segundo acto, un personaje de carácter, con la confianza puesta en el futuro prometido, y que, entre escenas paralelas a la acción principal y a través de la intervención de personajes secundarios, culmina en el tercero en una Rosita adulta, consciente de su situación, que admite abiertamente lo que todos ya saben y que constituye en esencia la descripción de un drama social, la soledad sufrida por las solteras, abandonadas por una falsa promesa.

Siguiendo con los personajes femeninos, sin duda es el ama, de fuerte personalidad y sentido común, el que representa el realismo objetivo y práctico de quien está apegada a la tierra por su trabajo y condición social. Reúne en su actitud virtudes como la bondad, la fidelidad y la sinceridad. Su habla es el de la sabiduría a través del refrán, de la superstición arraigada en la tradición, de la ocurrencia y también de la seguridad que otorga el conocimiento de la realidad. También es crítica ante las injusticias, decidida e imprudente en sus declaraciones, de «cierta tendencia hacia una moral natural» (en *Federico y su mundo,* 1980): y, por supuesto, representa el papel educador que Federico reconoce en las criadas.

Para Gibson, todo indica que, para construir este personaje, Federico tiene en mente a Dolores Cuesta, apodada la Colorina, criada que influyó positivamente durante su infancia, hasta el punto de inspirar a otros personajes femeninos de obras como *Yerma* y *La casa de Bernarda Alba* (la vieja pagana y la Poncia, respectivamente).

Francisco García Lorca reconoce además que la relación entre la tía y el ama en *Doña Rosita* tiene mucho que ver con la que tuvieron que mantener la tía de ambos, Isabel, y Dolores Cuesta durante la ausencia prolongada de la madre de Lorca en el hospital de Málaga. Isabel, por otro lado, comenta la relación entre Vicenta y Dolores en el sentido de que se trataban «de manera íntima y distante a la vez» (1980). Es tal la importancia de este personaje que Ramón Menéndez Pidal en su visita a Granada, recogiendo y transcribiendo romances populares, utiliza como fuente directa a la propia Dolores.

La fortaleza de los personajes femeninos y relevantes en el desarrollo del drama culmina con el de la tía. Su mayor trascendencia en la trama reside en la dimensión social que adquiere por la responsabilidad de quien pudo impedir el fatal desenlace de su sobrina. Cegada por el deseo de un fructífero casamiento, socialmente admitido y ante la presión del compromiso adquirido por su hermano y padre del novio, no tiene la suficiente valentía de impedir lo que intuía estaba ya de camino:

> La lengua se me debió pegar en el cielo de la boca antes de consentir tu noviazgo; porque mi niña se queda sola en estas cuatro paredes, y tú te vas libre por el mar, por aquellos ríos, por aquellos bosques de toronjas, y mi niña, aquí, un día igual a otro, y tú, allí; el caballo y la escopeta para tirar al faisán.

Como hemos visto, tía y ama son personajes indisolubles en la obra. Son muchas las situaciones en que muestran, por un lado, la relación de dependencia y cariño que las une de por vida, y, por otra, de encarnizado enfrentamiento verbal próximo a la separación. Este contraste convive a la vez y describe de forma magistral distintas concepciones de entender la vida, acentuado con un lenguaje, diferenciado socialmente, que aporta a la vez tono de humor y dramatismo de gran fuerza escénica.

Junto a los personajes femeninos, el tío de Rosita, de buen carácter, afable, representa, en cuanto al significado general de la obra, al igual que su sobrina, la decadencia en la forma de entender la vida. Sus intervenciones sirven para intermediar en conversaciones con la tía y el ama y también junto a otros personajes secundarios. Pero, sin duda, lo más relevante es que en su condición de experto en botánica presenta el motivo alegórico de la trama, la «rosa *mutabile*», expresión del paso del tiempo y su consecuente deterioro como símbolo del drama no solo de Rosita, sino también de la familia de la que forma parte.

Personajes secundarios

El despliegue de personajes secundarios demuestra de nuevo la calculada intención de Federico por unir realidad y ficción. Algunos de ellos tienen su referente en la biografía de nuestro autor.

De nuevo los personajes femeninos adquieren la trascendencia de representar de forma unívoca el drama de la soltería, cada grupo desde su singularidad. Por un lado, el realismo en las tres manolas, personajes con cuya aparición Federico rinde homenaje a Granada (el romance de las tres manolas versado por Rosita en realidad es una copla dedicada a tres jóvenes que vivían en Granada). Su aparición en el primer acto, no exenta de cursilería, llena de sutil lirismo la obra.

Las solteronas son una caricatura del amor, la caridad, la clemencia, curiosa denominación con la que Federico hace un «guiño» a la realidad y a la anécdota, ya que, parece ser, eran nombres reales de tres jóvenes. Los nombres son abstracciones y representan virtudes que se sitúan en un plano de apariencia, en tanto que representan la hipocresía de una clase social a punto de extinguirse. Su estilo y actitud ante la vida se muestran abiertamente, bien a través de la madre de ellas:

> [...] desde que faltó mi pobre marido hago verdaderos milagros para administrar la pensión que nos queda. Todavía me parece oír al padre de estas hijas cuando, generoso y caballero como era, me decía: «Enriqueta, gasta, gasta, que yo gano setenta duros»; ¡pero aquellos tiempos pasaron! A pesar de todo, nosotras no hemos descendido de clase. ¡Y qué angustia he pasado, señora, para que estas hijas puedan seguir usando sombrero! ¡Cuántas lágrimas, cuántas tristezas por una cinta o un grupo

de bucles! Esas plumas y esos alambres me tienen costado muchas noches en vela.

Bien a través de otras voces como el del ama, incluso la del propio Federico, que con la acotación alude a la cursilería y extravagancia en la apariencia externa de las jóvenes:

> La madre y las tres niñas. Lujo por fuera y para la boca unas malas migas de maíz. ¡Qué azotazo en el... les daba...! *(Sale de escena.)*
>
> *(Entran las tres cursilonas y su mamá. Las tres solteronas vienen con inmensos sombreros de plumas malas, trajes exageradísimos, guantes hasta el codo con pulseras encima y abanicos pendientes de largas cadenas. La* MADRE *viste de negro pardo con un sombrero de viejas cintas moradas.)*

Frente a las solteronas, se muestran enfrentadas las señoritas de Ayola, pudientes, impertinentes y que con sus intervenciones, anuncian el peligro que acecha a la protagonista por persistir en sus sueños de amor, en contra de la realidad.

> AYOLA 1.ª.—¡Ay! ¡Y si soy amiga de Rosita es porque sé que tiene novio! Las mujeres sin novio están pochas, recocidas, y todas ellas... *(Al ver a las* SOLTERONAS.) Bueno, todas, no; algunas de ellas... En fin, ¡todas están rabiadas!

Del resto de personajes, masculinos todos ellos, cabe destacar el de D. Martín. Para Francisco García Lorca, es el trasunto de don Martín Sheroff y Aví, profesor de Literatura y Preceptiva Literaria, aunque dista del de la obra, a quien atribuye «la tristeza cansada y sumisa», así como «conciencia de su vida fracasada». Y es una buena caracterización del personaje que demuestra la sensibilidad de Federico hacia los maestros, así como la realidad amarga que sufren en el día a día en su profesión, tal y como apreciamos en los testimonios de don Martín:

> Mi vida de siempre. Vengo de explicar mi clase de Preceptiva. Un verdadero infierno. Era una lección preciosa: «Concepto y definición de

la armonía», pero a los niños no les interesa nada. ¡Y qué niños! A mí, como me ven inútil, me respetan un poquito; alguna vez un alfiler que otro en el asiento, o un muñequito en la espalda; pero a mis compañeros les hacen cosas horribles.

El señor X, según el hermano de Federico, no es otro que don Ramón Guixé y Mexía, profesor de Economía y Política de Federico, cuya extravagancia en las aulas le sirvió de inspiración al autor, con el fin de ridiculizar el exceso en la idea de progreso. Su pedantería resulta desfasada y desproporcionada. Su escasa intervención, no obstante, aligera de dramatismo el texto:

Hoy día se abren camino un Juan Bautista Say, o Se, que de ambas maneras suele y puede decirse, o un conde León Tulstuá, vulgo Tolstoi, tan galán en la forma como profundo en el concepto. Yo me siento en la polis viviente; no soy partidario de la *natura naturata*.

Por último, la aparición en la última escena de la obra del último personaje secundario, el muchacho, hijo de una de las tres manolas, es una muestra del ingenio del dramaturgo. Su intervención simpática y desenfadada no oculta su verdadero objetivo, mostrar lo inevitable, el paso del tiempo y las consecuentes pérdidas de seres queridos, todo ello en el momento de mayor dramatismo de la obra.

MUCHACHO.—Me ha visto usted muy pocas veces.

TÍA.—Claro, pero yo quería mucho a tu madre. ¡Qué graciosa era! Murió por la misma época que mi marido.

ROSITA.—Antes.

MUCHACHO.—Hace ocho años.

ROSITA.—Y tiene la misma cara.

MUCHACHO.—*(Alegre.)* Un poquito peor. Yo la tengo hecha a martillazos.

TÍA.—Y las mismas salidas; ¡el mismo genio!

MUCHACHO.—Pero claro que me parezco. En carnaval me puse un vestido de mi madre..., un vestido del año de la nana, verde...

ROSITA.—*(Melancólica.)* Con lazos negros..., y bullones de seda verde Nilo.

MUCHACHO.—Sí.
ROSITA.—Y un gran lazo de terciopelo en la cintura.
MUCHACHO.—El mismo.
ROSITA.—Que cae a un lado y otro del polisón.
MUCHACHO.—¡Exacto! ¡Qué disparate de moda! *(Se sonríe.)*
ROSITA.—*(Triste.)* ¡Era una moda bonita!

Dos citas para cerrar esta introducción. La primera de ellas, del propio Federico, durante una charla sobre teatro en el Teatro Español de Madrid (febrero de 1935), es probablemente la mayor expresión de lo que significa el teatro y cómo nos invita a reflexionar acerca de su importancia en la cultura y en nuestras vidas:

> El teatro es una escuela de llanto y de risa, y una tribuna libre donde los hombres pueden poner en evidencia morales viejas o equivocadas y explicar con ejemplos vivos normas eternas del corazón.

La segunda tributa a un escritor fallecido recientemente, Paul Auster, y es una preciosa metáfora de la literatura:

> Escribir es eso mismo: ser consciente de que la literatura —mejor con talento— es una de las formas más rotundas de la soberanía, del ejercicio de la libertad. *(Viajes por el Scriptorium,* 2017).

Federico García Lorca respira hoy libertad a través de su obra. Su aliento literario es inmenso. Depende de nosotros disfrutar y aprender de su legado.

Esta edición

Esta edición toma como base la versión electrónica en formato epub, a partir de la edición impresa de 1971, que forma parte de los fondos de la Biblioteca Nacional. Es una suerte contar con un servicio que, desde 2008 y en constante crecimiento, ofrece el acceso libre y gratuito a miles de documentos variados de nuestra cultura y que cumple, entre otros objetivos, con la difusión de nuestro patrimonio a través de la investigación.

Las notas a pie de página no se limitan a una información léxica. Para llegar a una mayor comprensión de la obra y dado su carácter lírico y simbólico, he pretendido aportar comentarios de matices expresivos. Por otra parte, se omiten anotaciones con el objetivo de que sea el alumnado quien investigue la información elidida, a partir de las propuestas didácticas del fin de la edición.

El apartado «Después de la lectura» es la parte final dedicada a cuestiones de aspectos de la obra que dignifican, por un lado, el trabajo de elaboración en la escritura de este drama (disfrazado de comedia) y, por otro, demuestran, como no puede ser de otra forma, el incuestionable legado de la obra de Federico García Lorca, autor presente, que despierta de forma asombrosa el interés entre los más jóvenes.

El drama de *Doña Rosita,* en definitiva, invita a la reflexión acerca de la necesidad del derecho de ejercer y expresar la libertad individual, de la búsqueda de la felicidad a través del amor y de la necesidad de formar parte de una sociedad en que la convivencia entre sus ciudadanos se fundamenta en la verdad y el respeto hacia los seres que la conforman, dejando de lado la hipocresía y la mentira.

Bibliografía esencial

Devoto, Daniel, «*Doña Rosita la soltera*: estructura y fuentes», *Bulletin Hispanique,* vol. 69, núm. 3-4, 1967, págs. 407-435; disponible en: <https://www.persee.fr/doc/hispa_0007-4640_1967_num_69_3_3912>.

Doménech, Ricardo, «Nueva indagación en *Doña Rosita la soltera*», *Anales de la Literatura Española Contemporánea,* vol. 11, núm. 1/2, 1986, págs. 79-90; disponible en: <http://www.jstor.org/stable/27741746>.

García Lorca, Federico, *Doña Rosita la soltera o El lenguaje de las flores*, La Biblioteca Digital Hispánica (Biblioteca Nacional de España); disponible en: <http://bdh-rd.bne.es/viewer.vm?id=0000200788>.

— *Doña Rosita la soltera o El lenguaje de las flores / Los sueños de mi prima Aurelia: Crónica granadina,* ed. de Mario Hernández, Madrid, Alianza Editorial, 2020.

García Lorca, Francisco, *Federico y su mundo (de Fuente Vaqueros a Madrid),* Granada, Editorial Comares, Fundación Federico García Lorca, 1997.

García Montero, Luis, *Un lector llamado Federico García Lorca*, Madrid, Editorial Taurus, 2016.

Gibson, Ian, *Vida, pasión y muerte de Federico García Lorca (1898-1936),* Barcelona, Plaza & Janés, 1998.

Pérez-Rasilla, Eduardo, *Un siglo de teatro en España: Notas para un balance del teatro del siglo xx, Monteagudo. Revista de Literatura Española, Hispanoamericana y Teoría de la Literatura,* Murcia, Departamento de Literatura Española, Teoría de la Literatura y Literatura Comparada de la Universidad de Murcia, diciembre de 2001, núm. 6, págs. 19-44; disponible en: <https://revistas.um.es/monteagudo/article/view/77661>.

Doña Rosita la soltera
o El lenguaje de las flores

PERSONAJES

Doña Rosita
El ama
La tía
Manola 1.ª
Manola 2.ª
Manola 3.ª
Soltera 1.ª
Soltera 2.ª
Soltera 3.ª
Madre de las solteras
Ayola 1.ª
Ayola 2.ª
El tío
El sobrino
El catedrático de Economía
Don Martín
El muchacho
Dos obreros
Una voz

ACTO PRIMERO

Habitación con salida a un invernadero.

TÍO.—¿Y mis semillas?

AMA.—Ahí estaban.

TÍO.—Pues no están.

TÍA.—Eléboro, fucsias y los crisantemos, Luis Passy violáceo y altair blanco plata con puntas heliotropo[1].

TÍO.—Es necesario que cuidéis las flores.

AMA.—Si lo dice por mí…

TÍA.—Calla. No repliques.

TÍO.—Lo digo por todos. Ayer me encontré las semillas de dalias pisoteadas por el suelo. *(Entra en el invernadero.)* No os dais cuenta de mi invernadero; desde el ochocientos siete, en que la condesa de Wandes obtuvo la rosa muscosa, no la ha conseguido nadie en Granada más que yo, ni el botánico de la Universidad. Es preciso que tengáis más respeto por mis plantas.

AMA.—Pero ¿no las respeto?

TÍA.—¡Chist! Sois a cuál peor.

[1] Se inicia la enumeración de plantas y flores a lo largo de la obra. Muchas de ellas de origen exótico o «raras». No son glosadas a partir de ahora por ser objeto de estudio en la guía final.

AMA.—Sí, señora. Pero yo no digo que de tanto regar las flores y tanta agua por todas partes van a salir sapos en el sofá.

TÍA.—Luego bien te gusta olerlas.

AMA.—No, señora. A mí las flores me huelen a niño muerto, o a profesión de monja, o a altar de iglesia. A cosas tristes. Donde esté una naranja o un buen membrillo que se quiten las rosas del mundo. Pero aquí... rosas por la derecha, albahaca por la izquierda, anémonas, salvias, petunias y esas flores de ahora, de moda, los crisantemos, despeinados como unas cabezas de gitanillas. ¡Qué ganas tengo de ver plantados en este jardín un peral, un cerezo, un caqui!

TÍA.—¡Para comértelos!

AMA.—Como quien tiene boca... Como decían en mi pueblo:

La boca sirve para comer,
las piernas sirven para la danza,
y hay una cosa de la mujer...

(Se detiene y se acerca a la TÍA *y lo dice bajo.)*

TÍA.—¡Jesús! *(Signando[2].)*

AMA.—Son indecencias de los pueblos. *(Signando.)*

ROSITA.—*(Entra rápida. Viene vestida de rosa con un traje del novecientos, mangas de jamón y adornos de cintas[3].)* ¿Y mi sombrero? ¿Dónde está mi sombrero? ¡Ya han dado las treinta campanadas en San Luis[4]!

---

[2] Haciendo la señal de la cruz.

[3] Apunte costumbrista en la acotación que hace referencia a la moda en el vestuario femenino de la época.

[4] Antigua iglesia de Granada que sufrió un devastador incendio en 1933 durante la II República.

AMA.—Yo lo dejé en la mesa.

ROSITA.—Pues no está. *(Buscan.) (El* AMA *sale.)*

TÍA.—¿Has mirado en el armario? *(Sale la* TÍA.)

AMA.—*(Entra.)* No lo encuentro.

ROSITA.—¿Será posible que no sepa dónde está mi sombrero?

AMA.—Ponte el azul con margaritas.

ROSITA.—Estás loca.

AMA.—Más loca estás tú.

TÍA.—*(Vuelve a entrar.)*

¡Vamos, aquí está! (ROSITA *lo coge y sale corriendo.)*

AMA.—Es que todo lo quiere volando. Hoy ya quisiera que fuese pasado mañana. Se echa a volar y se nos pierde de las manos. Cuando chiquita tenía que contarle todos los días el cuento de cuando ella fuera vieja: «Mi Rosita ya tiene ochenta años»..., y siempre así. ¿Cuándo la ha visto usted sentada a hacer encaje de lanzadera o frivolité[5], o puntas de festón o sacar hilos para adornarse una chapona[6]?

TÍA.—Nunca.

AMA.—Siempre del coro al caño[7] y del caño al coro; del coro al caño y del caño al coro.

TÍA.—¡A ver si te equivocas!

AMA.—Si me equivocara no oiría usted ninguna palabra nueva.

TÍA.—Claro es que nunca me ha gustado contradecirla, porque ¿quién apena a una criatura que no tiene padres?

---

5 Herramientas y bordados propios del ejercicio de coser.

6 Blusa.

7 Trabalenguas cuyo significado se relaciona con el carácter coloquial y naturaleza educadora del Ama.

AMA.—Ni padre, ni madre, ni perrito que le ladre[8], pero tiene un tío y una tía que valen un tesoro. *(La abraza.)*

TÍO.—*(Dentro.)* ¡Esto ya es demasiado!

TÍA.—¡María Santísima!

TÍO.—Bien está que se pisen las semillas, pero no es tolerable que esté con las hojitas tronchadas la planta de rosal que más quiero. Mucho más que la muscosa y la híspida y la pomponiana y la damascena y que la eglantina de la reina Isabel. *(A la* TÍA.) Entra, entra y verás.

TÍA.—¿Se ha roto?

TÍO.—No, no le ha pasado gran cosa, pero pudo haberle pasado.

AMA.—¡Acabáramos!

TÍO.—Yo me pregunto: ¿quién volcó la maceta?

AMA.—A mí no me mire usted.

TÍO.—¿He sido yo?

AMA.—¿Y no hay gatos y no hay perros, y no hay un golpe de aire que entra por la ventana?

TÍA.—Anda, barre el invernadero.

AMA.—Está visto que en esta casa no la dejan hablar a una.

TÍO.—*(Entra.)* Es una rosa que nunca has visto; una sorpresa que te tengo preparada. Porque es increíble la «rosa declinata» de capullos caídos y la inermis que no tiene espinas; ¡qué maravilla!, ¿eh?, ¡ni una espina!; y la mirtifolia que viene de Bélgica y la sulfurata que brilla en la oscuridad. Pero esta las aventaja a todas en rareza. Los botánicos la llaman «rosa mutabile», que quiere decir mudable, que cambia... En este libro está su descripción y su pintura, ¡mira! *(Abre el libro.)* Es roja por la mañana, a la tarde se pone blanca y se deshoja por la noche.

---

8 Refrán que describe el carácter y circunstancia personal de Rosita.

Cuando se abre en la mañana,
roja como sangre está.
El rocío no la toca
porque se teme quemar.
Abierta en el mediodía
es dura como el coral.
El sol se asoma a los vidrios
para verla relumbrar.
Cuando en las ramas empiezan
los pájaros a cantar
y se desmaya la tarde
en las violetas del mar,
se pone blanca, con blanco
de una mejilla de sal.
Y cuando toca la noche
blando cuerno de metal
y las estrellas avanzan
mientras los aires se van,
en la raya de lo oscuro,
se comienza a deshojar.

TÍA.—¿Y tiene ya flor?

TÍO.—Una que se está abriendo.

TÍA.—¿Dura un día tan solo?

TÍO.—Uno. Pero yo ese día lo pienso pasar al lado para ver cómo se pone blanca.

ROSITA.—*(Entrando.)* Mi sombrilla.

TÍO.—Su sombrilla.

TÍA.—*(A voces.)* ¡La sombrilla!

AMA.—*(Apareciendo.)* ¡Aquí está la sombrilla! (ROSITA *coge la sombrilla y besa a sus tíos.)*

ROSITA.—¿Qué tal?

TÍO.—Un primor[9].

TÍA.—No hay otra.

ROSITA.—*(Abriendo la sombrilla.)* ¿Y ahora?

AMA.—¡Por Dios, cierra la sombrilla, no se puede abrir bajo techado! ¡Llega la mala suerte!

Por la rueda de san Bartolomé
y la varita de san José
y la santa rama de laurel,
enemigo, retírate
por las cuatro esquinas de Jerusalén.

(Ríen todos. El TÍO *sale.)*

ROSITA.—*(Cerrando.)* ¡Ya está!

AMA.—No lo hagas más..., ¡ca... ramba!

ROSITA.—¡Huy!

TÍA.—¿Qué ibas a decir?

AMA.—¡Pero no lo he dicho!

ROSITA.—*(Saliendo con risas.)* ¡Hasta luego!

TÍA.—¿Quién te acompaña?

ROSITA.—*(Asomando la cabeza.)* Voy con las manolas.

AMA.—Y con el novio.

TÍA.—El novio creo que tenía que hacer.

AMA.—No sé quién me gusta más, si el novio o ella. *(La* TÍA *se sienta a hacer encaje de bolillos*[10]*.)* Un par de primos para ponerlos en un vasar[11] de azúcar, y si se murieran, ¡Dios los libre!, embalsa-

[9] Muy hermosa.

[10] Actividad artesanal textil que requiere de paciencia y tiempo.

[11] Estante que sirve para poner la vajilla en una cocina.

marlos y meterlos en un nicho de cristales y de nieve. ¿A cuál quiere usted más? *(Se pone a limpiar.)*

TÍA.—A los dos los quiero como sobrinos.

AMA.—Uno por la manta de arriba y otro por la manta de abajo, pero…

TÍA.—Rosita se crio conmigo.

AMA.—Claro. Como que yo no creo en la sangre. Para mí esto es ley. La sangre corre por debajo de las venas, pero no se ve. Más se quiere a un primo segundo que se ve todos los días que a un hermano que está lejos. Por qué, vamos a ver.

TÍA.—Mujer, sigue limpiando.

AMA.—Ya voy. Aquí no la dejan a una ni abrir los labios. Críe usted una niña hermosa para esto. Déjese usted a sus propios hijos en una chocita[12] temblando de hambre.

TÍA.—Será de frío.

AMA.—Temblando de todo, para que le digan a una: «¡Cállate!»; y como soy criada, no puedo hacer más que callarme, que es lo que hago, y no puedo replicar y decir…

TÍA.—Y decir ¿qué…?

AMA.—Que deje usted esos bolillos con ese tiquití[13], que me va a estallar la cabeza de tiquitís.

TÍA.—*(Riendo.)* Mira a ver quién entra.

(Hay un silencio en la escena, donde se oye el golpear de los bolillos.)

VOZ.—¡Manzanillaaaaa finaaa de la sierraa!

[12] Construcción rústica y humilde. Nótese la ironía en el sufijo apreciativo.

[13] Onomatopeya producida por el contacto de los bolillos (bastones de madera).

TÍA.—*(Hablando sola.)* Es preciso comprar otra vez manzanilla. En algunas ocasiones hace falta... Otro día que pase..., treinta y siete, treinta y ocho.

VOZ DEL PREGONERO.—*(Muy lejos.)* ¡Manzanillaa finaa de la sierraa!

TÍA.—*(Poniendo un alfiler.)* Y cuarenta.

SOBRINO.—*(Entrando.)* Tía.

TÍA.—*(Sin mirarlo.)* Hola, siéntate si quieres. Rosita ya se ha marchado.

SOBRINO.—¿Con quién salió?

TÍA.—Con las manolas. *(Pausa. Mirando al* SOBRINO.) Algo te pasa.

SOBRINO.—Sí.

TÍA.—*(Inquieta.)* Casi me lo figuro. Ojalá me equivoque.

SOBRINO.—No. Lea usted.

TÍA.—*(Lee.)* Claro, si es natural. Por eso me opuse a tus relaciones con Rosita. Yo sabía que más tarde o más temprano te tendrías que marchar con tus padres. ¡Y que es ahí al lado! Cuarenta días de viaje hacen falta para llegar a Tucumán[14]. Si fuera hombre y joven, te cruzaría la cara.

SOBRINO.—Yo no tengo culpa de querer a mi prima. ¿Se imagina usted que me voy con gusto? Precisamente quiero quedarme aquí, y a eso vengo.

TÍA.—¡Quedarte! ¡Quedarte! Tu deber es irte. Son muchas leguas de hacienda[15] y tu padre está viejo. Soy yo la que te tiene que obligar a que tomes el vapor[16]. Pero a mí me dejas la vida amargada. De tu prima no quiero acordarme. Vas a clavar una flecha con cintas moradas sobre su corazón. Ahora se enterará

---

[14] Provincia de Argentina.
[15] Mucha distancia de la finca agrícola.
[16] Barco de vapor.

de que las telas no solo sirven para hacer flores, sino para empapar lágrimas.

SOBRINO.—¿Qué me aconseja usted?

TÍA.—Que te vayas. Piensa que tu padre es hermano mío. Aquí no eres más que un paseante de los jardinillos, y allí serás un labrador.

SOBRINO.—Pero es que yo quisiera...

TÍA.—¿Casarte? ¿Estás loco? Cuando tengas tu porvenir hecho. Y llevarte a Rosita, ¿no? Tendrías que saltar por encima de mí y de tu tío.

SOBRINO.—Todo es hablar. Demasiado sé que no puedo. Pero yo quiero que Rosita me espere. Porque volveré pronto.

TÍA.—Si antes no pegas la hebra con una tucumana[17]. La lengua se me debió pegar en el cielo de la boca[18] antes de consentir tu noviazgo; porque mi niña se queda sola en estas cuatro paredes, y tú te vas libre por el mar, por aquellos ríos, por aquellos bosques de toronjas[19], y mi niña, aquí, un día igual a otro, y tú, allí; el caballo y la escopeta para tirar al faisán.

SOBRINO.—No hay motivo para que me hable usted de esa manera. Yo di mi palabra y la cumpliré. Por cumplir su palabra está mi padre en América, y usted sabe...

TÍA.—*(Suave.)* Calla.

SOBRINO.—Callo. Pero no confunda usted el respeto con la falta de vergüenza.

TÍA.—*(Con ironía andaluza.)* ¡Perdona, perdona! Se me había olvidado que ya eras un hombre.

AMA.—*(Entra llorando.)* Si fuera un hombre, no se iría.

---

17 En sentido literal, entablar y prolongar durante tiempo una conversación.

18 «Debí callar».

19 Cidra (fruto) de forma globosa como la naranja.

Tía.—*(Llorando.)* ¡Silencio!

(El Ama *llora con grandes sollozos.)*

Sobrino.—Volveré dentro de unos instantes. Dígaselo usted.

Tía.—Descuida. Los viejos son los que tienen que llevar los malos ratos.

(Sale el Sobrino.)

Ama.—¡Ay, qué lástima de mi niña! ¡Ay, qué lástima! ¡Ay, qué lástima! ¡Estos son los hombres de ahora! Pidiendo ochavitos[20] por las calles me quedo yo al lado de esta prenda. Otra vez vienen los llantos a esta casa. ¡Ay, señora! *(Reaccionando.)* ¡Ojalá se lo coma la serpiente del mar!

Tía.—¡Dios dirá!

Ama.—

Por el ajonjolí,
por las tres santas preguntas
y la flor de la canela,
tenga malas noches
y malas sementeras[21].
Por el pozo de san Nicolás
se le vuelva veneno la sal.

(Coge un jarro de agua y hace una cruz en el suelo.)

[20] Antigua moneda.
[21] Malas tierras de siembra.

TÍA.—No maldigas. Vete a tu hacienda[22].

(Sale el AMA. *Se oyen risas. La* TÍA *se va.)*

MANOLA 1.ª.—*(Entrando y cerrando la sombrilla.)* ¡Ay!
MANOLA 2.ª.—*(Igual.)* ¡Ay, qué fresquito!
MANOLA 3.ª.—*(Igual.)* ¡Ay!
ROSITA.—*(Igual.)*

¿Para quién son los suspiros
de mis tres lindas manolas?

MANOLA 1.ª.—Para nadie.
MANOLA 2.ª.—Para el viento.
MANOLA 3.ª.—Para un galán que me ronda.
ROSITA.—

¿Qué manos recogerán
los ayes de vuestra boca?

MANOLA 1.ª.—La pared.
MANOLA 2.ª.—Cierto retrato.
MANOLA 3.ª.—Los encajes de mi colcha.
ROSITA.—

También quiero suspirar.
¡Ay, amigas! ¡Ay, manolas!

MANOLA 1.ª.—¿Quién los recoge?

[22] Trabajo.

ROSITA.—

Dos ojos
que ponen blanca la sombra,
cuyas pestañas son parras,
donde se duerme la aurora.
Y, a pesar de negros, son
dos tardes con amapolas.

MANOLA 1.ª.—¡Ponle una cinta al suspiro!
MANOLA 2.ª.—¡Ay!
MANOLA 3.ª.—Dichosa tú.
MANOLA 1.ª.—¡Dichosa!
ROSITA.—

No me engañéis, que yo sé
cierto rumor de vosotras.

MANOLA 1.ª.—Rumores son jaramagos.
MANOLA 2.ª.—Y estribillos de las ollas[23].
ROSITA.—Lo voy a decir…
MANOLA 1.ª.—Empieza.
MANOLA 3.ª.—Los rumores son coronas.
ROSITA.—

Granada, calle de Elvira,
donde viven las manolas,
las que se van a la Alhambra,
las tres y las cuatro solas.
Una vestida de verde,

[23] Rumores no sirven de nada.

otra de malva, y la otra,
un corselete[24] escocés
con cintas hasta la cola.
Las que van delante, garzas;
la que va detrás, paloma;
abren por las alamedas
muselinas[25] misteriosas.
¡Ay, qué oscura está la Alhambra!
¿Adónde irán las manolas
mientras sufren en la umbría[26]
el surtidor y la rosa?
¿Qué galanes las esperan?
¿Bajo qué mirto reposan?
¿Qué manos roban perfumes
a sus dos flores redondas?
Nadie va con ellas, nadie;
dos garzas y una paloma.
Pero en el mundo hay galanes
que se tapan con las hojas.
La catedral ha dejado
bronces que la brisa toma.
El Genil duerme a sus bueyes
y el Dauro[27] a sus mariposas.
La noche viene cargada
con sus colinas de sombra;
una enseña los zapatos

[24] Prenda de uso femenino que ciñe el talle y se ata con cordones sobre el cuerpo.

[25] Tela de algodón, seda, lana, etc., fina y poco tupida.

[26] Sombra.

[27] Ríos de Granada.

entre volantes de blonda[28];
la mayor abre sus ojos
y la menor los entorna.
¿Quién serán aquellas tres
de alto pecho y larga cola?
¿Por qué agitan los pañuelos?
¿Adónde irán a estas horas?
Granada, calle de Elvira,
donde viven las manolas,
las que se van a la Alhambra,
las tres y las cuatro solas.

MANOLA 1.ª.—

Deja que el rumor
extienda sobre Granada sus olas.

MANOLA 2.ª.—¿Tenemos novio?
ROSITA.—Ninguna.
MANOLA 2.ª.—¿Digo la verdad?
ROSITA.—Sí, toda.
MANOLA 3.ª.—

Encajes de escarcha tienen
nuestras camisas de novia.

ROSITA.—Pero...
MANOLA 1.ª.—La noche nos gusta.
ROSITA.—Pero...

[28] Adorno hecho de tela delicada que se usaba para la cabeza.

MANOLA 2.ª—Por calles en sombra.
MANOLA 1.ª—

Nos subimos a la Alhambra
las tres y las cuatro solas.

MANOLA 3.ª—¡Ay!
MANOLA 2.ª—Calla.
MANOLA 3.ª—¿Por qué?
MANOLA 2.ª—¡Ay!
MANOLA 1.ª—¡Ay, sin que nadie lo oiga!
ROSITA.—

Alhambra, jazmín de pena
donde la luna reposa.

AMA.—Niña, tu tía te llama. *(Muy triste.)*
ROSITA.—¿Has llorado?
AMA.—*(Conteniéndose.)* No..., es que tengo así, una cosa que...
ROSITA.—No me asustes. ¿Qué pasa?

(Entra rápida, mirando hacia el AMA. *Cuando entra* ROSITA, *el* AMA *rompe a llorar en silencio.)*

MANOLA 1.ª—*(En voz alta.)* ¿Qué ocurre?
MANOLA 2.ª—Dinos.
AMA.—Callad.
MANOLA 3.ª—*(En voz baja.)* ¿Malas noticias?

(El AMA *las lleva a la puerta y mira por donde salió* ROSITA.)

AMA.—¡Ahora se lo está diciendo!

(Pausa, en que todas oyen[29].)

MANOLA 1.ª.—Rosita está llorando; vamos a entrar.

AMA.—Venid y os contaré. ¡Dejadla ahora! Podéis salir por el postigo[30]. *(Salen.)*

(Queda la escena sola. Un piano lejísimo toca un estudio de Cerny[31]. Pausa. Entra el PRIMO, *y al llegar al centro de la habitación se detiene porque entra* ROSITA. *Quedan los dos mirándose frente a frente. El* PRIMO *avanza. La enlaza por el talle. Ella inclina la cabeza sobre su hombro.)*

ROSITA.—

¿Por qué tus ojos traidores
con los míos se fundieron?
¿Por qué tus manos tejieron,
sobre mi cabeza, flores?
¡Que luto de ruiseñores
dejas a mi juventud,
pues, siendo norte y salud
tu figura y tu presencia,
rompes con tu cruel ausencia
las cuerdas de mi laúd!

[29] Nótese el valor de las acotaciones para la comprensión de lo que se sucede fuera del escenario.

[30] Puerta falsa.

[31] Carl Czerny (1791-1857), profesor, pianista y compositor vienés. Uno de los primeros en utilizar *étude* ('estudio') como título.

PRIMO.—*(La lleva a un «vis-à-vis»*[32] *y se sientan.)*

¡Ay, prima, tesoro mío!,
ruiseñor en la nevada,
deja tu boca cerrada
al imaginario frío;
no es de hielo mi desvío,
que, aunque atraviesa la mar,
el agua me ha de prestar
nardos de espuma y sosiego
para contener mi fuego
cuando me vaya a quemar.

ROSITA.—

Una noche, adormilada
en mi balcón de jazmines,
vi bajar dos querubines[33]
a una rosa enamorada;
ella se puso encarnada
siendo blanco su color;
pero, como tierna flor,
sus pétalos encendidos
se fueron cayendo heridos
por el beso del amor.
Así yo, primo inocente,
en mi jardín de arrayanes

---

32 «Cara a cara». Encuentro privado.
33 En la tradición católica, espíritus celestes.

daba al aire mis afanes[34]
y mi blancura a la fuente.
Tierna gacela imprudente,
alcé los ojos, te vi
y en mi corazón sentí
agujas estremecidas
que me están abriendo heridas
rojas como el alhelí

PRIMO.—

He de volver, prima mía,
para llevarte a mi lado
en barco de oro cuajado
con las velas de alegría;
luz y sombra, noche y día,
solo pensaré en quererte.

ROSITA.—

Pero el veneno que vierte
amor, sobre el alma sola,
tejerá con tierra y ola
el vestido de mi muerte.

PRIMO.—

Cuando mi caballo lento
coma tallos con rocío,
cuando la niebla del río

[34] Grandes deseos.

empañe el muro del viento,
cuando el verano violento
ponga el llano carmesí
y la escarcha deje en mí
alfileres de lucero,
te digo, porque te quiero,
que me moriré por ti.

ROSITA.—

Yo ansío verte llegar
una tarde por Granada
con toda la luz salada
por la nostalgia del mar;
amarillo limonar,
jazminero desangrado,
por las piedras enredado
impedirán tu camino,
y nardos en remolino
pondrán loco mi tejado.
¿Volverás?

PRIMO.—Sí. ¡Volveré!
ROSITA.—

¿Qué paloma iluminada
me anunciará tu llegada?

PRIMO.—El palomo de mi fe.
ROSITA.—

Mira que yo bordaré
sábanas para los dos.

PRIMO.—

Por los diamantes de Dios
y el clavel de su costado,
juro que vendré a tu lado.

ROSITA.—¡Adiós, primo!
PRIMO.—¡Prima, adiós!

(Se abrazan en el «vis-à-vis». Lejos se oye el piano. El PRIMO *sale.* ROSITA *queda llorando. Aparece el* TÍO, *que cruza la escena hacia el invernadero. Al ver a su* TÍO, ROSITA *coge el libro de las rosas que está al alcance de su mano.)*

TÍO.—¿Qué hacías?
ROSITA.—Nada.
TÍO.—¿Estabas leyendo?
ROSITA.—Sí. *(Sale el* TÍO. *Leyendo.)*

Cuando se abre en la mañana
roja como sangre está;
el rocío no la toca
porque se teme quemar.
Abierta en el mediodía
es dura como el coral,
el sol se asoma a los vidrios
para verla relumbrar.
Cuando en las ramas empiezan
los pájaros a cantar

y se desmaya la tarde
en las violetas del mar,
se pone blanca, con blanco
de una mejilla de sal;
y cuando toca la noche
blando cuerno de metal
y las estrellas avanzan
mientras los aires se van,
en la raya de lo oscuro
se comienza a deshojar[35].

Telón

[35] El primer acto finaliza de la misma forma que se inició, con la lectura por parte del tío del romance de la rosa.

ACTO SEGUNDO

Salón de la casa de doña Rosita. *Al fondo el jardín.*

Señor X.—Pues yo siempre seré de este siglo.

Tío.—El siglo que acabamos de empezar será un siglo materialista.

Señor X.—Pero de mucho más adelanto que el que se fue. Mi amigo, el señor Longoria, de Madrid, acaba de comprar un automóvil con el que se lanza a la fantástica velocidad de treinta kilómetros por hora; y el sha de Persia, que por cierto es un hombre muy agradable, ha comprado también un Panhard Levassor[1] de veinticuatro caballos.

Tío.—Y digo yo: ¿adónde van con tanta prisa? Ya ve usted lo que ha pasado en la carrera París-Madrid, que ha habido que suspenderla, porque antes de llegar a Burdeos se mataron todos los corredores.

Señor X.—El conde Zboronsky[2], muerto en el accidente, y Marcel Renault[3], o Renol, que de ambas maneras suele y puede decirse, muerto también en el accidente, son mártires de la cien-

[1] Primer coche con motor de gasolina que circuló en España.
[2] Piloto e ingeniero automovilístico británico.
[3] Industrial y piloto de coches, cofundador de la marca Renault.

cia, que serán puestos en los altares el día en que venga la religión de lo positivo[4]. A Renol lo conocí bastante. ¡Pobre Marcelo!

Tío.—No me convencerá usted. *(Se sienta.)*

Señor X.—*(Con el pie puesto en la silla y jugando con el bastón.)* Superlativamente; aunque un catedrático de Economía Política no puede discutir con un cultivador de rosas. Pero hoy día, créame usted, no privan los quietismos[5] ni las ideas oscurantistas[6]. Hoy día se abren camino un Juan Bautista Say[7], o Se, que de ambas maneras suele y puede decirse, o un conde León Tulstuá[8], vulgo Tolstói, tan galán en la forma como profundo en el concepto. Yo me siento en la polis[9] viviente; no soy partidario de la *natura naturata*[10].

Tío.—Cada uno vive como puede o como sabe en esta vida diaria.

Señor X.—Está entendido, la Tierra es un planeta mediocre, pero hay que ayudar a la civilización. Si Santos Dumont[11], en vez de estudiar meteorología comparada, se hubiera dedicado a cuidar rosas, el aeróstato dirigible estaría en el seno de Brahma[12].

---

4 Léase positivismo, sistema filosófico del siglo XIX que admite únicamente el método experimental.

5 Inactivos, pasivos (pertenecientes a la doctrina denominada «quietismo»).

6 Que se oponen de forma sistemática a la difusión de la cultura.

7 Economista ilustrado de origen francés.

8 León Tolstói, escritor realista ruso.

9 Ciudad griega.

10 Expresión latina cuyo concepto filosófico alude a todo lo que se sigue de la naturaleza de Dios. La idea no es defendida por el personaje que la enuncia.

11 Aviador brasileño considerado el padre de la aviación.

12 Dios hindú de la creación.

TÍO.—*(Disgustado.)* La botánica también es una ciencia.

SEÑOR X.—*(Despectivo.)* Sí, pero aplicada; para estudiar jugos de la *Anthemis olorosa,* o el ruibarbo, o la enorme pulsátila, o el narcótico de la *Datura Stramonium.*

TÍO.—*(Ingenuo.)* ¿Le interesan a usted esas plantas?

SEÑOR X.—No tengo el suficiente volumen de experiencia sobre ellas. Me interesa la cultura, que es distinto. *Voilà! (Pausa.)* ¿Y... Rosita?

TÍO.—¿Rosita? *(Pausa. En voz alta.)* ¡Rosita!...

VOZ.—*(Dentro.)* No está.

TÍO.—No está.

SEÑOR X.—Lo siento.

TÍO.—Yo también. Como es su santo, habrá salido a rezar los cuarenta credos.

SEÑOR X.—Le entrega usted de mi parte este *pendentif*[13]. Es una Torre Eiffel de nácar sobre dos palomas que llevan en sus picos la rueda de la industria.

TÍO.—Lo agradecerá mucho.

SEÑOR X.—Estuve por haberla traído un cañoncito de plata por cuyo agujero se veía la Virgen de Lurdes, o Lourdes, o una hebilla para el cinturón hecha con una serpiente y cuatro libélulas, pero preferí lo primero por ser de más gusto.

TÍO.—Gracias.

SEÑOR X.—Encantado de su favorable acogida.

TÍO.—Gracias.

SEÑOR X.—Póngame a los pies de su señora esposa.

TÍO.—Muchas gracias.

SEÑOR X.—Póngame a los pies de su encantadora sobrinita, a la que deseo venturas en su celebrado onomástico.

TÍO.—Mil gracias.

---

13 «Pendiente» en francés.

SEÑOR X.—Considéreme seguro servidor suyo.

TÍO.—Un millón de gracias.

SEÑOR X.—Vuelvo a repetir...

TÍO.—Gracias, gracias, gracias.

SEÑOR X.—Hasta siempre. *(Se va.)*

TÍO.—*(A voces.)* Gracias, gracias, gracias.

AMA.—*(Sale riendo.)* No sé cómo tiene usted paciencia. Con este señor y con el otro, don Confucio Montes de Oca, bautizado en la logia[14] número cuarenta y tres, va a arder la casa un día.

TÍO.—Te he dicho que no me gusta que escuches las conversaciones.

AMA.—Eso se llama ser desagradecido. Estaba detrás de la puerta, sí, señor, pero no era para oír, sino para poner una escoba boca arriba[15] y que el señor se fuera.

TÍA.—¿Se fue ya?

TÍO.—Ya. *(Entra.)*

AMA.—¿También este pretende a Rosita?

TÍA.—Pero ¿por qué hablas de pretendientes? ¡No conoces a Rosita!

AMA.—Pero conozco a los pretendientes.

TÍA.—Mi sobrina está comprometida.

AMA.—No me haga usted hablar, no me haga usted hablar, no me haga usted hablar, no me haga usted hablar.

TÍA.—Pues cállate.

AMA.—¿A usted le parece bien que un hombre se vaya y deje quince años[16] plantada a una mujer que es la flor de la manteca? Ella debe casarse. Ya me duelen las manos de guardar mantelerías de encaje de Marsella y juegos de cama adornados de guipure y

---

[14] Asociación de masones.

[15] Superstición cuyo objetivo era deshacerse de las visitas no deseadas.

[16] Importante referencia temporal.

caminos de mesa y cubrecamas de gasa con flores de realce[17]. Es que ya debe usarlos y romperlos, pero ella no se da cuenta de cómo pasa el tiempo. Tendrá el pelo de plata y todavía estará cosiendo cintas de raso liberti[18] en los volantes de su camisa de novia.

TÍA.—Pero ¿por qué te metes en lo que no te importa?

AMA.—*(Con asombro.)* Pero si no me meto, es que estoy metida.

TÍA.—Yo estoy segura de que ella es feliz.

AMA.—Se lo figura. Ayer me tuvo todo el día acompañándola en la puerta del circo, porque se empeñó en que uno de los titiriteros se parecía a su primo.

TÍA.—¿Y se parecía realmente?

AMA.—Era hermoso como un novicio cuando sale a cantar la primera misa, pero ya quisiera su sobrino tener aquel talle, aquel cuello de nácar y aquel bigote. No se parecía nada. En la familia de ustedes no hay hombres guapos.

TÍA.—¡Gracias, mujer!

AMA.—Son todos bajos y un poquito caídos de hombros.

TÍA.—¡Vaya!

AMA.—Es la pura verdad, señora. Lo que pasó es que a Rosita le gustó el saltimbanqui[19], como me gustó a mí y como le gustaría a usted. Pero ella lo achaca todo al otro. A veces me gustaría tirarle un zapato a la cabeza. Porque de tanto mirar al cielo se le van a poner los ojos de vaca.

TÍA.—Bueno; y punto final. Bien está que la zafia[20] hable, pero que no ladre.

---

[17] Tejidos y objetos de bordado que tradicionalmente formaban parte de un ajuar de boda.

[18] Tejido suave con estampado de moda.

[19] Persona que realiza saltos y ejercicios acrobáticos.

[20] «Grosera».

AMA.—No me echará usted en cara que no la quiero.

TÍA.—A veces me parece que no.

AMA.—El pan me quitaría de la boca y la sangre de las venas, si ella me los deseara.

TÍA.—*(Fuerte.)* ¡Pico de falsa miel! ¡Palabras!

AMA.—*(Fuerte.)* ¡Y hechos! Lo tengo demostrado, ¡y hechos! La quiero más que usted.

TÍA.—Eso es mentira.

AMA.—*(Fuerte.)* ¡Eso es verdad!

TÍA.—¡No me levantes la voz!

AMA.—*(Alto.)* Para eso tengo la campanilla de la lengua.

TÍA.—¡Cállese, mal educada!

AMA.—Cuarenta años llevo al lado de usted.

TÍA.—*(Casi llorando.)* ¡Queda usted despedida!

AMA.—*(Fortísimo.)* ¡Gracias a Dios que la voy a perder de vista!

TÍA.—*(Llorando.)* ¡A la calle inmediatamente!

AMA.—*(Rompiendo a llorar.)* ¡A la calle!

(Se dirige llorando a la puerta y al entrar se le cae un objeto. Las dos están llorando.) (Pausa.)

TÍA.—*(Limpiándose las lágrimas y dulcemente.)* ¿Qué se te ha caído?

AMA.—*(Llorando.)* Un portatermómetro, estilo Luis Quince[21].

TÍA.—¿Sí?

AMA.—Sí, señora. *(Llora.)*

TÍA.—¿A ver?

AMA.—Para el santo de Rosita. *(Se acerca.)*

TÍA.—*(Sorbiendo.)* Es una preciosidad.

[21] La ruptura del objeto sirve de contrapunto en una escena inicialmente dramática y que se resuelve de forma satisfactoria.

AMA.—*(Con voz de llanto.)* En medio del terciopelo hay una fuente hecha con caracoles de verdad; sobre la fuente, una glorieta de alambre con rosas verdes; el agua de la taza es un grupo de lentejuelas azules, y el surtidor es el propio termómetro. Los charcos que hay alrededor están pintados al aceite, y encima de ellos bebe un ruiseñor todo bordado con hilo de oro. Yo quise que tuviera cuerda y cantara, pero no pudo ser.

TÍA.—No pudo ser.

AMA.—Pero no hace falta que cante. En el jardín los tenemos vivos.

TÍA.—Es verdad. *(Pausa.)* ¿Para qué te has metido en esto?

AMA.—*(Llorando.)* Yo doy todo lo que tengo por Rosita.

TÍA.—¡Es que tú la quieres como nadie!

AMA.—Pero después de usted.

TÍA.—No. Tú le has dado tu sangre.

AMA.—Usted le ha sacrificado su vida.

TÍA.—Pero yo lo he hecho por deber y tú por generosidad.

AMA.—*(Más fuerte.)* ¡No diga usted eso!

TÍA.—Tú has demostrado quererla más que nadie.

AMA.—Yo he hecho lo que haría cualquiera en mi caso. Una criada. Ustedes me pagan y yo sirvo.

TÍA.—Siempre te hemos considerado como de la familia.

AMA.—Una humilde criada que da lo que tiene y nada más.

TÍA.—Pero ¿me vas a decir que nada más?

AMA.—¿Y soy otra cosa?

TÍA.—*(Irritada.)* Eso no lo puedes decir aquí. Me voy por no oírte.

AMA.—*(Irritada.)* Y yo también.

(Salen rápidas una por cada puerta. Al salir, la TÍA *se tropieza con el* TÍO.*)*

TÍO.—De tanto vivir juntas, los encajes se os hacen espinas.

TÍA.—Es que quiere salirse siempre con la suya.

TÍO.—No me expliques, ya me lo sé todo de memoria... Y sin embargo no puedes estar sin ella. Ayer oí cómo le explicabas con todo detalle nuestra cuenta corriente en el banco. No te sabes quedar en tu sitio. No me parece conversación lo más a propósito para una criada.

TÍA.—Ella no es una criada.

TÍO.—*(Con dulzura.)* Basta, basta, no quiero llevarte la contraria.

TÍA.—Pero ¿es que conmigo no se puede hablar?

TÍO.—Se puede, pero prefiero callarme.

TÍA.—Aunque te quedes con tus palabras de reproche.

TÍO.—¿Para qué voy a decir nada a estas alturas? Por no discutir soy capaz de hacerme la cama, de limpiar mis trajes con jabón de palo[22] y cambiar las alfombras de mi habitación.

TÍA.—No es justo que te des ese aire de hombre superior y mal servido, cuando todo en esta casa está supeditado a tu comodidad y a tus gustos.

TÍO.—*(Dulce.)* Al contrario, hija.

TÍA.—*(Seria.)* Completamente. En vez de hacer encajes, podo las plantas. ¿Qué haces tú por mí?

TÍO.—Perdona. Llega un momento en que las personas que viven juntas muchos años hacen motivo de disgusto y de inquietud las cosas más pequeñas, para poner intensidad y afanes[23] en lo que está definitivamente muerto. Con veinte años no teníamos estas conversaciones.

TÍA.—No. Con veinte años se rompían los cristales...

---

[22] Jabón tradicional realizado con raíces de la planta «albata».

[23] Esfuerzos.

TÍO.—Y el frío era un juguete en nuestras manos.

(Aparece ROSITA. *Viene vestida de rosa. Ya la moda ha cambiado de mangas de jamón a 1900. Falda en forma de campanela. Atraviesa la escena, rápida, con unas tijeras en la mano. En el centro se para.)*

ROSITA.—¿Ha llegado el cartero?

TÍO.—¿Ha llegado?

TÍA.—No sé. *(A voces.)* ¿Ha llegado el cartero? *(Pausa.)* No, todavía no.

ROSITA.—Siempre pasa a estas horas.

TÍO.—Hace rato debió llegar.

TÍA.—Es que muchas veces se entretiene.

ROSITA.—El otro día me lo encontré jugando al uni-uni-doli-doli[24] con tres chicos y todo el montón de cartas en el suelo.

TÍA.—Ya vendrá.

ROSITA.—Avisadme. *(Sale rápida.)*

TÍO.—Pero ¿dónde vas con esas tijeras?

ROSITA.—Voy a cortar unas rosas.

TÍO.—*(Asombrado.)* ¿Cómo? ¿Y quién te ha dado permiso?

TÍA.—Yo. Es el día de su santo.

ROSITA.—Quiero poner en las jardineras y en el florero de la entrada.

TÍO.—Cada vez que cortáis una rosa es como si me cortaseis un dedo. Ya sé que es igual. *(Mirando a su mujer.)* No quiero discutir. Sé que duran poco. *(Entra el* AMA.) Así lo dice el vals de las rosas, que es una de las composiciones más bonitas de estos tiem-

[24] Retahíla o juego de palabras en forma de canción.

pos, pero no puedo reprimir el disgusto que me produce verlas en los búcaros[25]. *(Sale de escena.)*

ROSITA.—*(Al* AMA.) ¿Vino el correo?

AMA.—Pues para lo único que sirven las rosas es para adornar las habitaciones.

ROSITA.—*(Irritada.)* Te he preguntado si ha venido el correo.

AMA.—*(Irritada.)* ¿Es que me guardo yo las cartas cuando vienen?

TÍA.—Anda, corta las flores.

ROSITA.—Para todo hay en esta casa una gotita de acíbar[26].

AMA.—Nos encontramos el rejalgar[27] por los rincones. *(Sale de escena.)*

TÍA.—¿Estás contenta?

ROSITA.—No sé.

TÍA.—¿Y eso?

ROSITA.—Cuando no veo la gente estoy contenta, pero como la tengo que ver...

TÍA.—¡Claro! No me gusta la vida que llevas. Tu novio no te exige que seas hurona[28]. Siempre me dice en las cartas que salgas.

ROSITA.—Pero es que en la calle noto cómo pasa el tiempo, y no quiero perder las ilusiones. Ya han hecho otra casa nueva en la placeta. No quiero enterarme de cómo pasa el tiempo.

TÍA.—¡Claro! Muchas veces te he aconsejado que escribas a tu primo y que te cases aquí con otro. Tú eres alegre. Yo sé que hay muchachos y hombres maduros enamorados de ti.

---

[25] Floreros.

[26] Jugo de áloe.

[27] Dado el malhumor del Ama, cabe pensar que se refiere irónicamente al mineral que rascado con la uña tiene un efecto nocivo (venenoso).

[28] Insociable.

ROSITA.—¡Pero, tía! Tengo las raíces muy hondas, muy bien hincadas en mi sentimiento. Si no viera a la gente, me creería que hace una semana que se marchó. Yo espero como el primer día. Además, ¿qué es un año, ni dos, ni cinco? *(Suena una campanilla.)* El correo.

TÍA.—¿Qué te habrá mandado?

AMA.—*(Entrando en escena.)* Ahí están las solteronas cursilonas.

TÍA.—¡María Santísima!

ROSITA.—Que pasen.

AMA.—La madre y las tres niñas. Lujo por fuera y para la boca unas malas migas de maíz[29]. ¡Qué azotazo en el... les daba...! *(Sale de escena.)*

(Entran las tres cursilonas y su mamá. Las tres solteronas vienen con inmensos sombreros de plumas malas, trajes exageradísimos, guantes hasta el codo con pulseras encima y abanicos pendientes de largas cadenas. La MADRE *viste de negro pardo con un sombrero de viejas cintas moradas.)*

MADRE.—Felicidades. *(Se besan.)*

ROSITA.—Gracias. *(Besa a las* SOLTERONAS.) ¡Amor! ¡Caridad! ¡Clemencia!

SOLTERA 1.ª.—Felicidades.

SOLTERA 2.ª.—Felicidades.

SOLTERA 3.ª.—Felicidades.

TÍA.—*(A la* MADRE.) ¿Cómo van esos pies?

[29] Comida popular y humilde. Es evidente la ironía en la búsqueda del contraste en la expresión.

MADRE.—Cada vez peor. Si no fuera por estas, estaría siempre en casa. *(Se sientan.)*

TÍA.—¿No se da usted las friegas con alhucemas?

SOLTERA 1.ª.—Todas las noches.

SOLTERA 2.ª.—Y el cocimiento de malvas.

TÍA.—No hay reúma que resista.

(Pausa.)

MADRE.—¿Y su esposo?

TÍA.—Está bien, gracias.

(Pausa.)

MADRE.—Con sus rosas.

TÍA.—Con sus rosas.

SOLTERA 3.ª.—¡Qué bonitas son las flores!

SOLTERA 2.ª.—Nosotras tenemos en una maceta un rosal de San Francisco.

ROSITA.—Pero las rosas de San Francisco no huelen.

SOLTERA 1.ª.—Muy poco.

MADRE.—A mí lo que más me gusta son las celindas.

SOLTERA 3.ª.—Las violetas son también preciosas.

(Pausa.)

MADRE.—Niñas, ¿habéis traído la tarjeta?

SOLTERA 3.ª.—Sí. Es una niña vestida de rosa, que al mismo tiempo es barómetro. El fraile con la capucha está ya muy visto. Según la humedad, las faldas de la niña, que son de papel finísimo, se abren o se cierran.

ROSITA.—*(Leyendo.)*

Una mañana en el campo
cantaban los ruiseñores
y en su cántico decían:
«Rosita, de las mejores».

¿Para qué se han molestado ustedes?

TÍA.—Es de mucho gusto.

MADRE.—¡Gusto no me falta; lo que me falta es dinero!

SOLTERA 1.ª.—¡Mamá...!

SOLTERA 2.ª.—¡Mamá...!

SOLTERA 3.ª.—¡Mamá...!

MADRE.—Hijas, aquí tengo confianza. No nos oye nadie. Pero usted lo sabe muy bien: desde que faltó mi pobre marido hago verdaderos milagros para administrar la pensión que nos queda. Todavía me parece oír al padre de estas hijas cuando, generoso y caballero como era, me decía: «Enriqueta, gasta, gasta, que yo gano setenta duros»; ¡pero aquellos tiempos pasaron! A pesar de todo, nosotras no hemos descendido de clase. ¡Y qué angustia he pasado, señora, para que estas hijas puedan seguir usando sombrero! ¡Cuántas lágrimas, cuántas tristezas por una cinta o un grupo de bucles! Esas plumas y esos alambres me tienen costado muchas noches en vela.

SOLTERA 3.ª.—¡Mamá...!

MADRE.—Es la verdad, hija mía. No nos podemos extralimitar lo más mínimo. Muchas veces les pregunto: «¿Qué queréis, hijas de mi alma: huevo en el almuerzo o silla en el paseo?». Y ellas me responden las tres a la vez: «Sillas».

SOLTERA 3.ª.—Mamá, no comentes más esto. Todo Granada lo sabe.

MADRE.—Claro, ¿qué van a contestar? Y allá vamos con unas patatas y un racimo de uvas, pero con capa de mongolia o sombrilla pintada o blusa de popelinette[30], con todos los detalles. Porque no hay más remedio. ¡Pero a mí me cuesta la vida! Y se me llenan los ojos de lágrimas cuando las veo alternar con las que pueden.

SOLTERA 2.ª.—¿No vas ahora a la Alameda, Rosita?

ROSITA.—No.

SOLTERA 3.ª.—Allí nos reunimos siempre con las de Ponce de León, con las de Herrasti y con las de la baronesa de Santa Matilde de la Bendición Papal. Lo mejor de Granada.

MADRE.—¡Claro! Estuvieron juntas en el colegio de la Puerta del Cielo.

(Pausa.)

TÍA.—*(Levantándose.)* Tomarán ustedes algo. *(Se levantan todas.)*

MADRE.—No hay manos como las de usted para el piñonate y el pastel de gloria[31].

SOLTERA 1.ª.—*(A* ROSITA.) ¿Tienes noticias?

ROSITA.—El último correo me prometía novedades. Veremos a ver este.

SOLTERA 3.ª.—¿Has terminado el juego de encajes valenciennes[32]?

ROSITA.—¡Toma! Ya he hecho otro de nansú[33] con mariposa a la aguada[34].

---

30 Atavíos y objetos que demuestran cierta condición social y económica.

31 Dulces típicos.

32 Trabajo de costura cuyo origen es la ciudad francesa de Valence.

33 Tela de algodón, blanca o de color, usada por las mujeres para blusas, pañuelos, ropa interior...

34 Pintura diluida en agua.

Soltera 2.ª.—El día que te cases vas a llevar el mejor ajuar[35] del mundo.

Rosita.—¡Ay, yo pienso que todo es poco! Dicen que los hombres se cansan de una si la ven siempre con el mismo vestido.

Ama.—*(Entrando.)* Ahí están las de Ayola, el fotógrafo.

Tía.—Las señoritas de Ayola, querrás decir.

Ama.—Ahí están las señoronas por todo lo alto de Ayola, fotógrafo de su majestad y medalla de oro en la exposición de Madrid. *(Sale.)*

Tía.—Hay que aguantarla; pero a veces me crispa los nervios. *(Las* Solteronas *están con* Rosita *viendo unos paños.)* Están imposibles.

Madre.—Envalentonadas. Yo tengo una muchacha que nos arregla el piso por las tardes; ganaba lo que han ganado siempre: una peseta al mes y las sobras, que ya está bien en estos tiempos; pues el otro día se nos descolgó diciendo que quería un duro, ¡y yo no puedo!

Tía.—No sé dónde vamos a parar.

(Entran las Niñas *de Ayola, que saludan a* Rosita *con alegría. Vienen con la moda exageradísima de la época y ricamente vestidas.)*

Rosita.—¿No se conocen ustedes?

Ayola 1.ª.—De vista.

Rosita.—Las señoritas de Ayola, la señora y señoritas de Escarpini.

Ayola 1.ª.—Ya las vemos sentadas en sus sillas del paseo. *(Disimulan la risa.)*

[35] Conjunto de objetos y ropas aportados por la mujer al matrimonio.

ROSITA.—Tomen asiento. *(Se sientan las* SOLTERONAS.)

TÍA.—*(A las de* AYOLA.) ¿Queréis un dulcecito?

AYOLA 2.ª.—No; hemos comido hace poco. Por cierto que yo tomé cuatro huevos con picadillo de tomate, y casi no me podía levantar de la silla.

AYOLA 1.ª.—¡Qué graciosa! *(Ríen.)*

(Pausa. Las AYOLA *inician una risa incontenible que se comunica a* ROSITA, *que hace esfuerzos por contenerse. Las* CURSILONAS *y su* MADRE *están serias. Pausa.)*

TÍA.—¡Qué criaturas!

MADRE.—¡La juventud!

TÍA.—Es la edad dichosa.

ROSITA.—*(Andando por la escena como arreglando cosas.)* Por favor, callarse. *(Se callan.)*

TÍA.—*(A la* SOLTERA 3.ª.) ¿Y ese piano?

SOLTERA 3.ª.—Ahora estudio poco. Tengo muchas labores que hacer.

ROSITA.—Hace mucho tiempo que no te he oído.

MADRE.—Si no fuera por mí, ya se le habrían engarabitado[36] los dedos. Pero siempre estoy con el tole tole[37].

SOLTERA 2.ª.—Desde que murió el pobre papá no tiene ganas. ¡Como a él le gustaba tanto!

AYOLA 2.ª.—Me acuerdo que algunas veces se le caían las lágrimas.

SOLTERA 1.ª.—Cuando tocaba la tarantela de Popper[38].

[36] Deformado.

[37] Expresión popular. Podemos traducir por «gran confusión».

[38] Música y baile popular italianos compuesta por Popper, compositor y violonchelista checo del siglo XIX.

SOLTERA 2.ª—Y la plegaria de la Virgen.
MADRE.—¡Tenía mucho corazón!

(Las AYOLA, *que han estado conteniendo la risa, rompen a reír en grandes carcajadas.* ROSITA, *vuelta de espaldas a las* SOLTERONAS, *ríe también, pero se domina.)*

TÍA.—¡Qué chiquillas!
AYOLA 1.ª—Nos reímos porque antes de entrar aquí…
AYOLA 2.ª—Tropezó esta y estuvo a punto de dar la vuelta de campana…
AYOLA 1.ª—Y yo… *(Ríen.)*

(Las SOLTERONAS *inician una leve risa fingida con un matiz cansado y triste.)*

MADRE.—¡Ya nos vamos!
TÍA.—De ninguna manera.
ROSITA.—*(A todas.)* ¡Pues celebremos que no te hayas caído! Ama, trae los huesos de Santa Catalina[39].
SOLTERA 3.ª—¡Qué ricos son!
MADRE.—El año pasado nos regalaron a nosotras medio kilo.

(El AMA *entra con los huesos.)*

AMA.—Bocados para gente fina. *(A* ROSITA.) Ya viene el correo por los alamillos.
ROSITA.—¡Espéralo en la puerta!
AYOLA 1.ª—Yo no quiero comer. Prefiero una palomilla de anís[40].

[39] Dulce tradicional del Día de Todos los Santos.
[40] Bebida de agua y anís.

AYOLA 2.ª.—Y yo de agraz[41].

ROSITA.—¡Tú siempre tan borrachilla!

AYOLA 1.ª.—Cuando yo tenía seis años venía aquí y el novio de Rosita me acostumbró a beberlas. ¿No recuerdas, Rosita?

ROSITA.—*(Seria.)* ¡No!

AYOLA 2.ª.—A mí, Rosita y su novio me enseñaban las letras A, B, C. ¿Cuánto tiempo hace de esto?

TÍA.—¡Quince años!

AYOLA 1.ª.—A mí, casi casi se me ha olvidado la cara de tu novio.

AYOLA 2.ª.—¿No tenía una cicatriz en el labio?

ROSITA.—¿Una cicatriz? Tía, ¿tenía una cicatriz?

TÍA.—Pero ¿no te acuerdas, hija? Era lo único que le afeaba un poco.

ROSITA.—Pero no era una cicatriz; era una quemadura, un poquito rosada. Las cicatrices son hondas.

AYOLA 1.ª.—¡Tengo una gana de que Rosita se case!

ROSITA.—¡Por Dios!

AYOLA 2.ª.—Nada de tonterías. ¡Yo también!

ROSITA.—¿Por qué?

AYOLA 1.ª.—Para ir a una boda. En cuanto yo pueda, me caso.

TÍA.—¡Niña!

AYOLA 1.ª.—Con quien sea, pero no me quiero quedar soltera.

AYOLA 2.ª.—Yo pienso igual.

TÍA.—*(A la* MADRE.*)* ¿Qué le parece a usted?

AYOLA 1.ª.—¡Ay! ¡Y si soy amiga de Rosita es porque sé que tiene novio! Las mujeres sin novio están pochas[42], recocidas, y todas ellas… *(Al ver a las* SOLTERONAS.*)* Bueno, todas, no; algunas de ellas… En fin, ¡todas están rabiadas!

TÍA.—¡Ea! Ya está bien.

MADRE.—Déjela.

---

[41] Licor que se saca de la uva no madura.
[42] Enfermas.

SOLTERA 1.ª—Hay muchas que no se casan porque no quieren.

AYOLA 2.ª—Eso no lo creo yo.

SOLTERA 1.ª—*(Con intención.)* Lo sé muy cierto.

AYOLA 2.ª—La que no se quiere casar deja de echarse polvos y ponerse postizos debajo de la pechera, y no se está día y noche en las barandillas del balcón atisbando la gente[43].

SOLTERA 1.ª—¡Le puede gustar tomar el aire!

ROSITA.—Pero ¡qué discusión más tonta! *(Ríen forzadamente.)*

TÍA.—Bueno. ¿Por qué no tocamos un poquito?

MADRE.—¡Anda, niña!

SOLTERA 1.ª—*(Levantándose.)* Pero ¿qué toco?

AYOLA 2.ª—Toca «¡Viva Frascuelo!».

SOLTERA 2.ª—La barcarola de «La fragata Numancia».

ROSITA.—¿Y por qué no «Lo que dicen las flores»?

MADRE.—¡Ah, sí, «Lo que dicen las flores»! *(A la* TÍA.*)* ¿No la ha oído usted? Habla y toca al mismo tiempo. ¡Una preciosidad!

SOLTERA 3.ª—También puedo decir «Volverán las oscuras golondrinas de tu balcón los nidos a colgar»[44].

AYOLA 1.ª—Eso es muy triste.

SOLTERA 1.ª—Lo triste es bonito también.

TÍA.—¡Vamos! ¡Vamos!

SOLTERA 3.ª—*(En el piano.)*

> Madre[45], llévame a los campos
> con la luz de la mañana

---

[43] Enumeración de acciones que se relacionan con el rol de las mujeres en la sociedad.

[44] Sentido irónico en la referencia al verso de la rima de Bécquer.

[45] Recitación que, a través del lenguaje de las flores, expresa de forma metafórica actitudes y sentimientos relacionados con el amor.

a ver abrirse las flores
cuando se mecen las ramas.
Mil flores dicen mil cosas
para mil enamoradas,
y la fuente está contando
lo que el ruiseñor se calla.

ROSITA.—

Abierta estaba la rosa
con la luz de la mañana;
tan roja de sangre tierna
que el rocío se alejaba;
tan caliente sobre el tallo
que la brisa se quemaba;
¡tan alta!, ¡cómo reluce!
¡Abierta estaba!

SOLTERA 3.ª—

«Solo en ti pongo mis ojos»,
el heliotropo expresaba.
«No te querré mientras viva»,
dice la flor de la albahaca.
«Soy tímida», la violeta.
«Soy fría», la rosa blanca.
Dice el jazmín: «Seré fiel»;
y el clavel: «¡Apasionada!».

SOLTERA 2.ª—

El jacinto es la amargura;
el dolor, la pasionaria.

SOLTERA 1.ª.—

El jaramago, el desprecio;
y los lirios, la esperanza.

TÍA.—

Dice el nardo: «Soy tu amigo».
«Creo en ti», la pasionaria.
La madreselva te mece.
La siempreviva te mata.

MADRE.—

Siempreviva de la muerte,
flor de las manos cruzadas;
¡qué bien estás cuando el aire
llora sobre tu guirnalda!

ROSITA.—

Abierta estaba la rosa,
pero la tarde llegaba,
y un rumor de nieve triste
le fue pesando las ramas;
cuando la sombra volvía,
cuando el ruiseñor cantaba,
como una muerta de pena
se puso transida[46] y blanca;

[46] Fatigada, acongojada o consumida de alguna penalidad, angustia o necesidad.

y, cuando la noche, grande
cuerno de metal sonaba
y los vientos enlazados
dormían en la montaña,
se deshojó suspirando
por los cristales del alba.

SOLTERA 3.ª—

Sobre tu largo cabello
gimen las flores cortadas.
Unas llevan puñalitos;
otras, fuego, y otras, agua.

SOLTERA 1.ª—

Las flores tienen su lengua
para las enamoradas.

ROSITA.—

Son celos el carambuco;
desdén esquivo, la dalia;
suspiros de amor, el nardo;
risa, la gala de Francia.
Las amarillas son odio;
el furor, las encarnadas;
las blancas son casamiento,
y las azules, mortaja[47].

[47] Vestidura, sábana u otra cosa en que se envuelve el cadáver para el sepulcro.

SOLTERA 3.ª—

Madre, llévame a los campos
con la luz de la mañana,
a ver abrirse las flores
cuando se mecen las ramas.

(El piano hace la última escala y se para.)

TÍA.—¡Ay, qué preciosidad!

MADRE.—Saben también el lenguaje del abanico, el lenguaje de los guantes, el lenguaje de los sellos y el lenguaje de las horas. A mí se me pone la carne de gallina[48] cuando dicen aquello:

Las doce dan sobre el mundo
con horrísono rigor[49];
de la hora de tu muerte
acuérdate, pecador.

AYOLA 1.ª—*(Con la boca llena de dulce.)* ¡Qué cosa más fea!

MADRE.—Y cuando dicen:

A la una nacemos,
la, ra, la, la,
y este nacer,
la, la, ran,
es como abrir los ojos,
lan,
en un vergel,
vergel, vergel.

---

[48] «Me emociono».

[49] Sonido que horroriza.

AYOLA 2.ª.—*(A su hermana.)* Me parece que la vieja ha empinado el codo[50]. *(A la* MADRE.) ¿Quiere otra copita?

MADRE.—Con sumo gusto y fina voluntad, como se decía en mi época.

(ROSITA *ha estado espiando la llegada del correo.)*

AMA.—¡El correo!

(Algazara[51] *general.)*

TÍA.—Y ha llegado justo.

SOLTERA 3.ª.—Ha tenido que contar los días para que llegue hoy.

MADRE.—¡Es una fineza!

AYOLA 2.ª.—¡Abre la carta!

AYOLA 1.ª.—Más discreto es que la leas tú sola, porque a lo mejor te dice algo verde.

MADRE.—¡Jesús!

(Sale ROSITA *con la carta.)*

AYOLA 1.ª.—Una carta de un novio no es un devocionario[52].

SOLTERA 3.ª.—Es un devocionario de amor.

AYOLA 2.ª.—¡Ay, qué finoda[53]! *(Ríen las* AYOLA.)

AYOLA 1.ª.—Se conoce que no ha recibido ninguna.

MADRE.—*(Fuerte.)* ¡Afortunadamente para ella!

---

[50] Ha bebido más de la cuenta.

[51] Ruido, alborozo.

[52] Libro de oraciones para uso de los fieles.

[53] Cursi. Probable incorrección coloquial en el empleo del término *finola>finoli*.

AYOLA 1.ª—Con su pan se lo coma[54].

TÍA.—*(Al* AMA, *que va a entrar con* ROSITA.) ¿Dónde vas tú?

AMA.—¿Es que no puedo dar un paso?

TÍA.—¡Déjala a ella!

ROSITA.—*(Saliendo.)* ¡Tía! ¡Tía!

TÍA.—Hija, ¿qué pasa?

ROSITA.—*(Con agitación.)* ¡Ay, tía!

AYOLA 1.ª—¿Qué?

SOLTERA 3.ª—¡Dinos!

AYOLA 2.ª—¿Qué?

AMA.—¡Habla!

TÍA.—¡Rompe![55]

MADRE.—¡Un vaso de agua!

AYOLA 2.ª—¡Venga!

AYOLA 1.ª—Pronto.

(Algazara.)

ROSITA.—*(Con voz ahogada.)* Que se casa... *(Espanto en todos.)* Que se casa conmigo, porque ya no puede más, pero que...

AYOLA 2.ª—*(Abrazándola.)* ¡Olé! ¡Qué alegría!

AYOLA 1.ª—¡Un abrazo!

TÍA.—Dejadla hablar.

ROSITA.—*(Más calmada.)* Pero como le es imposible venir por ahora, la boda será por poderes[56] y luego vendrá él.

SOLTERA 1.ª—¡Enhorabuena!

---

[54] «¡Allá ella!» Muestra indiferencia hacia la persona a quien va dirigido.

[55] «¡Habla!».

[56] Casamiento con la intervención de un representante de los ausentes.

Madre.—*(Casi llorando.)* ¡Dios te haga lo feliz que mereces! *(La abraza.)*

Ama.—Bueno, y «poderes», ¿qué es?

Rosita.—Nada. Una persona representa al novio en la ceremonia.

Ama.—¿Y qué más?

Rosita.—¡Que está una casada!

Ama.—Y por la noche, ¿qué?

Rosita.—¡Por Dios!

Ayola 1.ª.—Muy bien dicho. Y por la noche, ¿qué?

Tía.—¡Niñas!

Ama.—¡Que venga en persona y se case[57]. «¡Poderes!». No lo he oído decir nunca. La cama y sus pinturas temblando de frío, y la camisa de novia en lo más oscuro del baúl. Señora, no deje usted que los «poderes» entren en esta casa. *(Ríen todos.)* ¡Señora, que yo no quiero «poderes»!

Rosita.—Pero él vendrá pronto. ¡Esto es una prueba más de lo que me quiere!

Ama.—¡Eso! ¡Que venga y que te coja del brazo y que menee el azúcar de tu café y lo pruebe a ver si quema. *(Risas.)*

(Aparece el Tío *con una rosa.)*

Rosita.—¡Tío!

Tío.—Lo he oído todo, y casi sin darme cuenta he cortado la única rosa mudable que tenía en mi invernadero. Todavía estaba roja,

[57] Hay que interpretar esta y la siguiente intervención del Ama desde el sentido metafórico e irónico de lo que declara.

abierta en el mediodía,
es roja como el coral.

ROSITA.—

El sol se asoma a los vidrios
para verla relumbrar.

TÍO.—Si hubiera tardado dos horas más en cortarla te la hubiese dado blanca.

ROSITA.—

Blanca como la paloma
como la risa del mar;
blanca como el blanco frío
de una mejilla de sal.

TÍO.—Pero todavía todavía tiene la brasa de su juventud.

TÍA.—Bebe conmigo una copita, hombre. Hoy es día de que lo hagas.

(Algazara. La SOLTERONA 3.ª *se sienta al piano y toca una polka*[58]. ROSITA *está mirando la rosa. Las* SOLTERONAS 2.ª *y* 1.ª *bailan con las* AYOLA *y cantan.)*

Porque mujer te vi
a la orilla del mar,
tu dulce languidez[59]

58 Música y danza polacas de movimiento ágil.
59 Tristeza.

me hacía suspirar,
y aquel dulzor sutil
de mi ilusión fatal
a la luz de la luna
lo viste naufragar.

(La TÍA *y el* TÍO *bailan.* ROSITA *se dirige a la pareja* SOLTERA 2.ª *y* AYOLA 2.ª. *Baila con la* SOLTERA 2.ª. *La* AYOLA 2.ª *bate palmas al ver a los viejos y el* AMA *al entrar hace el mismo juego.)*

Telón

ACTO TERCERO

Sala baja de ventanas con persianas verdes que dan al Jardín del Carmen. Hay un silencio en la escena. Un reloj da las seis de la tarde. Cruza la escena el AMA *con un cajón y una maleta. Han pasado diez años. Aparece la* TÍA *y se sienta en una silla baja, en el centro de la escena. Silencio. El reloj vuelve a dar las seis. Pausa.*

AMA.—*(Entrando.)* La repetición de las seis.

TÍA.—¿Y la niña?

AMA.—Arriba, en la torre. Y usted, ¿dónde estaba?

TÍA.—Quitando las últimas macetas del invernadero.

AMA.—No la he visto en toda la mañana.

TÍA.—Desde que murió mi marido está la casa tan vacía que parece el doble de grande, y hasta tenemos que buscarnos[1]. Algunas noches, cuando toso en mi cuarto, oigo un eco como si estuviera en una iglesia.

AMA.—Es verdad que la casa resulta demasiado grande.

TÍA.—Y luego..., si él viviera, con aquella claridad que tenía, con aquel talento. *(Casi llorando.)*

AMA.—*(Cantando.)* Lan-lan-van-lan-lan... No, señora, llorar no lo consiento. Hace ya seis años que murió y no quiero que esté

[1] Hipérbole que subraya la soledad.

usted como el primer día. ¡Bastante lo hemos llorado! ¡A pisar firme, señora! ¡Salga el sol por las esquinas! ¡Que nos espere muchos años todavía cortando rosas!

TÍA.—*(Levantándose.)* Estoy muy viejecita, ama. Tenemos encima una ruina muy grande.

AMA.—No nos faltará. ¡También yo estoy vieja!

TÍA.—¡Ojalá tuviera yo tus años!

AMA.—Nos llevamos poco, pero, como yo he trabajado mucho, estoy engrasada, y usted, a fuerza de poltrona[2], se le han engarabitado[3] las piernas.

TÍA.—¿Es que te parece que yo no he trabajado?

AMA.—Con las puntillas de los dedos, con hilos, con tallos, con confituras; en cambio, yo he trabajado con las espaldas, con las rodillas, con las uñas.

TÍA.—Entonces, gobernar una casa ¿no es trabajar?

AMA.—Es mucho más difícil fregar sus suelos.

TÍA.—No quiero discutir.

AMA.—¿Y por qué no? Así pasamos el rato. Ande. Replíqueme. Pero nos hemos quedado mudas. Antes se daban voces. Que si esto, que si lo otro, que si las natillas, que si no planches más…

TÍA.—Yo ya estoy entregada, y un día sopas, otro día migas, mi vasito de agua y mi rosario en el bolsillo, esperaría la muerte con dignidad… ¡Pero cuando pienso en Rosita!

AMA.—¡Esa es la llaga[4]!

TÍA.—*(Enardecida[5].)* Cuando pienso en la mala acción que le han hecho y en el terrible engaño mantenido y en la falsedad del corazón de ese hombre, que no es de mi familia ni merece ser de

---

[2] Sillón (indica que se ha vuelto perezosa).
[3] (Léase nota 36, pág. 71).
[4] Sentido metafórico. «¡Esa es la pena!».
[5] Exaltada.

mi familia, quisiera tener veinte años para tomar un vapor y llegar a Tucumán y coger un látigo…

AMA.—*(Interrumpiéndola.)* … y coger una espada y cortarle la cabeza y machacársela con dos piedras y cortarle la mano del falso juramento y las mentirosas escrituras de cariño[6].

TÍA.—Sí; sí; que pagara con sangre lo que sangre ha costado, aunque toda sea sangre mía, y después…

AMA.—… aventar[7] las cenizas sobre el mar.

TÍA.—Resucitarlo y traerlo con Rosita para respirar satisfecha con la honra de los míos.

AMA.—Ahora me dará usted la razón.

TÍA.—Te la doy.

AMA.—Allí encontró la rica que iba buscando y se casó, pero debió decirlo a tiempo. Porque ¿quién quiere ya a esta mujer? ¡Ya está pasada! Señora, ¿y no le podríamos mandar una carta envenenada, que se muriera de repente al recibirla?

TÍA.—¡Qué cosas! Ocho años lleva de matrimonio, y hasta el mes pasado no me escribió el canalla la verdad. Yo notaba algo en las cartas; los poderes que no venían, un aire dudoso… No se atrevía, pero al fin lo hizo. ¡Claro que después que su padre murió! Y esta criatura…

AMA.—¡Chist…!

TÍA.—Y recoge las dos orzas[8].

(Aparece ROSITA. *Viene vestida de un rosa claro con moda del 1910. Entra peinada de bucles. Está muy avejentada*[9]*.)*

---

[6] Hipérbole continuada en el diálogo con la Tía. Describe la actitud y expresión histriónica del Ama.

[7] Echar al viento.

[8] Vasijas usadas para guardar conservas.

[9] Envejecida.

AMA.—¡Niña!

ROSITA.—¿Qué hacéis?

AMA.—Criticando un poquito. Y tú, ¿dónde vas?

ROSITA.—Voy al invernadero. ¿Se llevaron ya las macetas?

TÍA.—Quedan unas pocas.

(Sale ROSITA. *Se limpian las lágrimas las dos mujeres.)*

AMA.—¿Y ya está? ¿Usted sentada y yo sentada? ¿Y a morir tocan? ¿Y no hay ley? ¿Y no hay gábilos para hacerlo polvo...[10]?

TÍA.—Calla, ¡no sigas!

AMA.—Yo no tengo genio para aguantar estas cosas sin que el corazón me corra por todo el pecho como si fuera un perro perseguido. Cuando yo enterré a mi marido lo sentí mucho, pero tenía en el fondo una gran alegría..., alegría no..., golpetazos de ver que la enterrada no era yo. Cuando enterré a mi niña..., ¿me entiende usted?, cuando enterré a mi niña fue como si me pisotearan las entrañas, pero los muertos son muertos. Están muertos, vamos a llorar, se cierra la puerta, ¡y a vivir! Pero esto de mi Rosita es lo peor. Es querer y no encontrar el cuerpo; es llorar y no saber por quién se llora, es suspirar por alguien que uno sabe que no se merece los suspiros. Es una herida abierta que mana sin parar un hilito de sangre, y no hay nadie, nadie en el mundo, que traiga los algodones, las vendas o el precioso terrón de nieve[11].

TÍA.—¿Qué quieres que yo haga?

AMA.—Que nos lleve el río.

TÍA.—A la vejez todo se nos vuelve de espaldas.

[10] Coloquialmente, «¿Y no hay coraje para eliminarlo?».

[11] Es probable la alusión simbólica de la nieve en relación con la necesidad de un cambio después de sanear y curar la herida del amor.

AMA.—Mientras yo tenga brazos nada le faltará.

TÍA.—*(Pausa. Muy bajo, como con vergüenza.)* Ama, ¡ya no puedo pagar tus mensualidades! Tendrás que abandonarnos.

AMA.—¡Huuy! ¡Qué airazo entra por la ventana! ¡Huuy! … ¿O será que me estoy volviendo sorda? Pues… ¿y las ganas que me entran de cantar? ¡Como los niños que salen del colegio! *(Se oyen voces infantiles.)* ¿Lo oye usted, señora? Mi señora, más señora que nunca. *(La abraza.)*

TÍA.—Oye.

AMA.—Voy a guisar. Una cazuela de jureles[12] perfumada con hinojos.

TÍA.—¡Escucha!

AMA.—¡Y un monte nevado[13]! Le voy a hacer un monte nevado con grageas[14] de colores.

TÍA.—¡Pero, mujer!

AMA.—*(A voces.)* ¡Digo!… ¡Si está aquí don Martín! Don Martín, ¡adelante! ¡Vamos! Entretenga un poco a la señora.

(Sale rápida. Entra DON MARTÍN. *Es un viejo con pelo rojo. Lleva una muleta con la que sostiene una pierna encogida. Tipo noble de gran dignidad, con un aire de tristeza definitiva.)*

TÍA.—¡Dichosos los ojos!

MARTÍN.—¿Cuándo es la arrancada[15] definitiva?

TÍA.—Hoy.

MARTÍN.—¡Qué se le va a hacer!

---

12 Jurel, pescado de alto valor proteínico, muy común y consumido en España.

13 Bizcocho.

14 Confites.

15 Puesta en marcha.

TÍA.—La nueva casa no es esto. Pero tiene buenas vistas y un patinillo[16] con dos higueras donde se pueden tener flores.

MARTÍN.—Más vale así. *(Se sientan.)*

TÍA.—¿Y usted?

MARTÍN.—Mi vida de siempre. Vengo de explicar mi clase de Preceptiva[17]. Un verdadero infierno. Era una lección preciosa: «Concepto y definición de la harmonía», pero a los niños no les interesa nada. ¡Y qué niños! A mí, como me ven inútil, me respetan un poquito; alguna vez un alfiler que otro en el asiento, o un muñequito en la espalda; pero a mis compañeros les hacen cosas horribles. Son los niños de los ricos, y, como pagan, no se les puede castigar. Así nos dice siempre el director. Ayer se empeñaron en que el pobre señor Canito, profesor nuevo de Geografía, llevaba corsé, porque tiene un cuerpo algo retrepado[18], y cuando estaba solo en el patio, se reunieron los grandullones y los internos, lo desnudaron de cintura para arriba, lo ataron a una de las columnas del corredor y le arrojaron desde el balcón un jarro de agua.

TÍA.—¡Pobre criatura!

MARTÍN.—Todos los días entro temblando en el colegio esperando lo que van a hacerme, aunque, como digo, respetan algo mi desgracia. Hace un rato tenían un escándalo enorme, porque el señor Consuegra, que explica latín admirablemente, había encontrado un excremento de gato sobre su lista de clase.

TÍA.—¡Son el enemigo!

MARTÍN.—Son los que pagan, y vivimos con ellos. Y créame usted que los padres se ríen luego de las infamias[19], porque como somos los pasantes[20] y no les vamos a examinar los hijos, nos consideran

[16] Patio.
[17] Clase de retórica y poética.
[18] Inclinado.
[19] Maldades.
[20] Profesores.

como hombres sin sentimiento, como a personas situadas en el último escalón de gente que lleva todavía corbata y cuello planchado.

TÍA.—¡Ay, don Martín! ¡Qué mundo este!

MARTÍN.—¡Qué mundo! Yo soñaba siempre ser poeta. Me dieron una flor natural y escribí un drama que nunca se pudo representar.

TÍA.—¿«La hija de Jefté»[21]?

MARTÍN.—¡Eso es!

TÍA.—Rosita y yo lo hemos leído. Usted nos lo prestó. ¡Lo hemos leído cuatro o cinco veces!

MARTÍN.—*(Con ansia.)* ¿Y qué...?

TÍA.—Me gustó mucho. Se lo he dicho siempre. Sobre todo cuando ella va a morir y se acuerda de su madre y la llama.

MARTÍN.—Es fuerte, ¿verdad? Un drama verdadero. Un drama de contorno y de concepto. Nunca se pudo representar. *(Rompiendo a recitar.)*

¡Oh madre excelsa[22]! Torna tu mirada
a la que en vil sopor[23] rendida yace;
¡recibe tú las fúlgidas preseas[24]
y el hórrido estertor[25] de mi combate!

¿Y es que esto está mal? ¿Y es que no suena bien de acento y de censura este verso: «y el hórrido estertor de mi combate»?

TÍA.—¡Precioso! ¡Precioso!

MARTÍN.—Y cuando Glucinio se va a encontrar con Isaías y levanta el tapiz de la tienda...

---

[21] Pasaje bíblico del libro de Jueces.
[22] Madre excelente.
[23] Despreciable adormecimiento.
[24] Brillantes joyas.
[25] Horrible agonía.

AMA.—*(Interrumpiéndole.)* Por aquí.

(Entran dos obreros vestidos con trajes de pana.)

OBRERO 1.º.—Buenas tardes.
MARTÍN y TÍA.—*(Juntos.)* Buenas tardes.
AMA.—¡Ese es! *(Señala un diván grande que hay en el fondo de la habitación.)*

(Los HOMBRES *lo sacan lentamente como si sacaran un ataúd. El* AMA *los sigue. Silencio. Se oyen dos campanadas mientras salen los hombres con el diván.)*

MARTÍN.—¿Es la novena de santa Gertrudis la Magna[26]?
TÍA.—Sí, en San Antón[27].
MARTÍN.—¡Es muy difícil ser poeta! *(Salen los hombres.)* Después quise ser farmacéutico. Es una vida tranquila.
TÍA.—Mi hermano, que en gloria esté, era farmacéutico.
MARTÍN.—Pero no pude. Tenía que ayudar a mi madre y me hice profesor. Por eso envidiaba yo tanto a su marido. Él fue lo que quiso.
TÍA.—¡Y le costó la ruina!
MARTÍN.—Sí, pero es peor esto mío.
TÍA.—Pero usted sigue escribiendo.
MARTÍN.—No sé por qué escribo, porque no tengo ilusión, pero, sin embargo, es lo único que me gusta. ¿Leyó usted mi cuento de ayer en el segundo número de «Mentalidad Granadina»?

---

[26] Oración de nueve días en que se pide la intercesión de la santa Gertrudis, monja y mística alemana del siglo XIII. La práctica devota nos sitúa hacia mediados de noviembre.

[27] Iglesia barroca de Granada.

TÍA.—¿«El cumpleaños de Matilde»? Sí, lo leímos; una preciosidad.

MARTÍN.—¿Verdad que sí? Ahí he querido renovarme haciendo una cosa del ambiente actual; ¡hasta hablo de un aeroplano! Verdad es que hay que modernizarse. Claro que lo que más me gusta a mí son mis sonetos.

TÍA.—¡A las nueve musas del Parnaso[28]!

MARTÍN.—A las diez, a las diez. ¿No se acuerda usted que nombré décima musa a Rosita?

AMA.—*(Entrando.)* Señora, ayúdeme usted a doblar esta sábana. *(Se ponen a doblarla entre las dos.)* ¡Don Martín con su pelito rojo! ¿Por qué no se casó, hombre de Dios? ¡No estaría tan solo en esta vida!

MARTÍN.—¡No me han querido!

AMA.—Es que ya no hay gusto. ¡Con la manera de hablar tan preciosa que tiene usted!

TÍA.—¡A ver si lo vas a enamorar!

MARTÍN.—¡Que pruebe!

AMA.—Cuando él explica en la sala baja del colegio, yo voy a la carbonería[29] para oírlo: «¿Qué es idea? La representación intelectual de una cosa o un objeto». ¿No es así?

MARTÍN.—¡Mírenla! ¡Mírenla!

AMA.—Ayer decía a voces: «No; ahí hay hipérbaton», y luego… «el epinicio[30]»… A mí me gustaría entender, pero como no entiendo me dan ganas de reír, y el carbonero, que siempre está leyendo un libro que se llama *Las ruinas de Palmira*[31], me echa

[28] Montaña donde vivían Apolo y las musas.
[29] Puesto o almacén donde se vende carbón.
[30] En la poesía griega antigua, himno triunfal.
[31] Obra del conde de Volney. Libro controvertido al defender que las creencias religiosas y supersticiones son la causa del fracaso de las civilizaciones.

unas miradas como si fueran dos gatos rabiosos. Pero, aunque me ría, como ignorante, comprendo que don Martín tiene mucho mérito.

MARTÍN.—No se le da hoy mérito a la retórica y poética, ni a la cultura universitaria.

(Sale el AMA *rápida con la sábana doblada.)*

TÍA.—¡Qué le vamos a hacer! Ya nos queda poco tiempo en este teatro.

MARTÍN.—Y hay que emplearlo en la bondad y en el sacrificio.

(Se oyen voces.)

TÍA.—¿Qué pasa?

AMA.—*(Apareciendo.)* Don Martín, que vaya usted al colegio, que los niños han roto con un clavo las cañerías y están todas las clases inundadas.

MARTÍN.—Vamos allá. Soñé con el Parnaso y tengo que hacer de albañil y fontanero. Con tal de que no me empujen o resbale... *(El* AMA *ayuda a levantarse a* DON MARTÍN.)

(Se oyen voces.)

AMA.—¡Ya va! ¡Un poco de calma! ¡A ver si el agua sube hasta que no quede un niño vivo!

MARTÍN.—*(Saliendo.)* ¡Bendito sea Dios!

TÍA.—Pobre, ¡qué sino[32] el suyo!

AMA.—Mírese en ese espejo. Él mismo se plancha los cuellos y cose sus calcetines, y cuando estuvo enfermo, que le llevé las na-

[32] Destino.

tillas, tenía una cama con unas sábanas que tiznaban como el carbón y unas paredes y un lavabillo..., ¡ay!

TÍA.—¡Y otros, tanto!

AMA.—Por eso siempre diré: ¡Malditos, malditos sean los ricos! ¡No quede de ellos ni las uñas de las manos!

TÍA.—¡Déjalos!

AMA.—Pero estoy segura que van al infierno de cabeza. ¿Dónde cree usted que estará don Rafael Salé, explotador de los pobres, que enterraron anteayer, Dios le haya perdonado, con tanto cura y tanta monja y tanto gorigori[33]? ¡En el infierno! Y él dirá: «¡Que tengo veinte millones de pesetas, no me apretéis con las tenazas! ¡Os doy cuarenta mil duros si me arrancáis estas brasas de los pies!»; pero los demonios, tizonazo[34] por aquí, tizonazo por allá, puntapié que te quiero, bofetadas en la cara, hasta que la sangre se le convierta en carbonilla.

TÍA.—Todos los cristianos sabemos que ningún rico entra en el reino de los cielos, pero a ver si por hablar de ese modo vas a parar también al infierno de cabeza.

AMA.—¿Al infierno yo? Del primer empujón que le doy a la caldera de Pedro Botero[35] hago llegar el agua caliente a los confines de la tierra. No, señora, no. Yo entro en el cielo a la fuerza. *(Dulce.)* Con usted. Cada una en una butaca de seda celeste que se meza[36] ella sola, y unos abanicos de raso grana[37]. En medio de las dos, en un columpio de jazmines y matas de romero, Rosita meciéndose, y detrás su marido cubierto de rosas, como salió en su caja de esta habitación; con la misma sonrisa, con la misma

[33] Coloquialmente, canto triste de los entierros.
[34] Golpe dado con un tizón o palo a medio quemar.
[35] Encargado de avivar las calderas del infierno.
[36] Mueva acompasadamente.
[37] Granate.

frente blanca como si fuera de cristal, y usted se mece así, y yo así, y Rosita así, y detrás el Señor tirándonos rosas como si las tres fuéramos un paso de nácar lleno de cirios y caireles[38].

TÍA.—Y los pañuelos para las lágrimas que se queden aquí abajo.

AMA.—Eso, que se fastidien. Nosotras, ¡juerga celestial!

TÍA.—¡Porque ya no nos queda una sola dentro del corazón!

OBRERO 1.º.—Ustedes dirán.

AMA.—Vengan. *(Entran. Desde la puerta.)* ¡Ánimo!

TÍA.—¡Dios te bendiga! *(Se sienta lentamente.)*

(Aparece ROSITA *con un paquete de cartas en la mano. Silencio.)*

TÍA.—¿Se han llevado ya la cómoda?

ROSITA.—En este momento. Su prima Esperanza mandó un niño por un destornillador.

TÍA.—Estarán armando las camas para esta noche. Debimos irnos temprano y haber hecho las cosas a nuestro gusto. Mi prima habrá puesto los muebles de cualquier manera.

ROSITA.—Pero yo prefiero salir de aquí con la calle a oscuras. Si me fuera posible apagaría el farol. De todos modos las vecinas estarán acechando. Con la mudanza ha estado todo el día la puerta llena de chiquillos, como si en la casa hubiera un muerto.

TÍA.—Si yo lo hubiera sabido no hubiese consentido de ninguna manera que tu tío hubiera hipotecado la casa con muebles y todo. Lo que sacamos es lo sucinto[39], la silla para sentarnos y la cama para dormir.

ROSITA.—Para morir.

38 Trozos de cristal en forma de lágrima.

39 Mínimo.

TÍA.—¡Fue buena jugada la que nos hizo! ¡Mañana vienen los nuevos dueños! Me gustaría que tu tío nos viera. ¡Viejo tonto! Pusilánime[40] para los negocios. ¡Chalado de las rosas! ¡Hombre sin idea del dinero! Me arruinaba cada día. «Ahí está Fulano»; y él: «Que entre»; y entraba con los bolsillos vacíos y salía con ellos rebosando plata, y siempre: «Que no se entere mi mujer». ¡El manirroto[41]! ¡El débil! Y no había calamidad que no remediase... ni niños que no amparase, porque..., porque..., tenía el corazón más grande que hombre tuvo..., el alma cristiana más pura...; no, no, ¡cállate, vieja! ¡Cállate, habladora, y respeta la voluntad de Dios! ¡Arruinadas! Muy bien, y ¡silencio!; pero te veo a ti...

ROSITA.—No se preocupe de mí, tía. Yo sé que la hipoteca la hizo para pagar mis muebles y mi ajuar, y esto es lo que me duele.

TÍA.—Hizo bien. Tú lo merecías todo. Y todo lo que se compró es digno de ti y será hermoso el día que lo uses.

ROSITA.—¿El día que lo use?

TÍA.—¡Claro! El día de tu boda.

ROSITA.—No me haga usted hablar.

TÍA.—Ese es el defecto de las mujeres decentes de estas tierras. ¡No hablar! No hablamos y tenemos que hablar. *(A voces.)* ¡Ama! ¿Ha llegado el correo?

ROSITA.—¿Qué se propone usted?

TÍA.—Que me veas vivir, para que aprendas.

ROSITA.—*(Abrazándola.)* Calle.

TÍA.—Alguna vez tengo que hablar alto. Sal de tus cuatro paredes, hija mía. No te hagas a la desgracia[42].

ROSITA.—*(Arrodillada delante de ella.)* Me he acostumbrado a vivir muchos años fuera de mí, pensando en cosas que estaban

[40] Cobarde.
[41] Derrochador.
[42] «No te venzas».

muy lejos, y ahora que estas cosas ya no existen sigo dando vueltas y más vueltas por un sitio frío, buscando una salida que no he de encontrar nunca. Yo lo sabía todo. Sabía que se había casado; ya se encargó un alma caritativa de decírmelo, y he estado recibiendo sus cartas con una ilusión llena de sollozos que aun a mí misma me asombraba. Si la gente no hubiera hablado; si vosotras no lo hubierais sabido; si no lo hubiera sabido nadie más que yo, sus cartas y su mentira hubieran alimentado mi ilusión como el primer año de su ausencia. Pero lo sabían todos y yo me encontraba señalada por un dedo que hacía ridícula mi modestia de prometida y daba un aire grotesco a mi abanico de soltera. Cada año que pasaba era como una prenda íntima que arrancaran de mi cuerpo. Y hoy se casa una amiga y otra y otra, y mañana tiene un hijo y crece, y viene a enseñarme sus notas de examen, y hacen casas nuevas y canciones nuevas, y yo igual, con el mismo temblor, igual; yo, lo mismo que antes, cortando el mismo clavel, viendo las mismas nubes; y un día bajo al paseo y me doy cuenta de que no conozco a nadie; muchachas y muchachos me dejan atrás porque me canso, y uno dice: «Ahí está la solterona»; y otro, hermoso, con la cabeza rizada, que comenta: «A esa ya no hay quien le clave el diente». Y yo lo oigo y no puedo gritar, sino vamos adelante, con la boca llena de veneno y con unas ganas enormes de huir, de quitarme los zapatos, de descansar y no moverme más, nunca, de mi rincón.

TÍA.—¡Hija! ¡Rosita!

ROSITA.—Ya soy vieja. Ayer le oí decir al ama que todavía podía yo casarme. De ningún modo. No lo pienses. Ya perdí la esperanza de hacerlo con quien quise con toda mi sangre, con quien quise y... con quien quiero. Todo está acabado... y, sin embargo, con toda la ilusión perdida, me acuesto, y me levanto con el más terrible de los sentimientos, que es el sentimiento de tener la esperanza muerta. Quiero huir, quiero no ver, quiero quedarme serena, vacía..., ¿es que no tiene derecho una pobre mujer a respirar con libertad? Y sin embargo la esperanza me persigue, me ronda, me muerde; como un lobo moribundo que apretase sus dientes por última vez.

Tía.—¿Por qué no me hiciste caso? ¿Por qué no te casaste con otro?

Rosita.—Estaba atada, y además, ¿qué hombre vino a esta casa sincero y desbordante para procurarse mi cariño? Ninguno.

Tía.—Tú no les hacías ningún caso. Tú estabas encelada[43] por un palomo ladrón[44].

Rosita.—Yo he sido siempre seria.

Tía.—Te has aferrado a tu idea sin ver la realidad y sin tener caridad de tu porvenir.

Rosita.—Soy como soy. Y no me puedo cambiar. Ahora lo único que me queda es mi dignidad. Lo que tengo por dentro lo guardo para mí sola.

Tía.—Eso es lo que yo no quiero.

Ama.—*(Saliendo de pronto.)* ¡Ni yo tampoco! Tú hablas, te desahogas, nos hartamos de llorar las tres y nos repartimos el sentimiento.

Rosita.—¿Y qué os voy a decir? Hay cosas que no se pueden decir porque no hay palabras para decirlas; y si las hubiera, nadie entendería su significado. Me entendéis si pido pan y agua y hasta un beso, pero nunca me podríais ni entender ni quitar esta mano oscura que no sé si me hiela o me abrasa el corazón cada vez que me quedo sola.

Ama.—Ya está diciendo algo.

Tía.—Para todo hay consuelo.

Rosita.—Sería el cuento de nunca acabar. Yo sé que los ojos

[43] Enamorada.
[44] Engatusador.

los tendré siempre jóvenes, y sé que la espalda se me irá curvando cada día. Después de todo, lo que me ha pasado le ha pasado a mil mujeres. *(Pausa.)* Pero ¿por qué estoy yo hablando todo esto? *(Al* AMA.) Tú, vete a arreglar cosas, que dentro de unos momentos salimos de este carmen[45]; y usted, tía, no se preocupe de mí. *(Pausa. Al* AMA.) ¡Vamos! No me agrada que me miréis así. Me molestan esas miradas de perros fieles. *(Se va el* AMA.) Esas miradas de lástima que me perturban y me indignan.

TÍA.—Hija, ¿qué quieres que yo haga?

ROSITA.—Dejarme como cosa perdida. *(Pausa. Se pasea.)* Ya sé que se está usted acordando de su hermana la solterona..., solterona como yo. Era agria y odiaba a los niños y a toda la que se ponía un traje nuevo..., pero yo no seré así. *(Pausa.)* Le pido perdón.

TÍA.—¡Qué tontería!

(Aparece por el fondo de la habitación un MUCHACHO *de dieciocho años.)*

ROSITA.—Adelante.

MUCHACHO.—Pero ¿se mudan ustedes?

ROSITA.—Dentro de unos minutos. Al oscurecer.

TÍA.—¿Quién es?

ROSITA.—Es el hijo de María.

TÍA.—¿Qué María?

ROSITA.—La mayor de las tres manolas.

TÍA.—¡Ah!

Las que suben a la Alhambra
las tres y las cuatro solas.
Perdona, hijo, mi mala memoria.

---

[45] En Granada, vivienda con huerto y jardín.

MUCHACHO.—Me ha visto usted muy pocas veces.

TÍA.—Claro, pero yo quería mucho a tu madre. ¡Qué graciosa era! Murió por la misma época que mi marido.

ROSITA.—Antes.

MUCHACHO.—Hace ocho años.

ROSITA.—Y tiene la misma cara.

MUCHACHO.—*(Alegre.)* Un poquito peor. Yo la tengo hecha a martillazos.

TÍA.—Y las mismas salidas; ¡el mismo genio!

MUCHACHO.—Pero claro que me parezco. En carnaval me puse un vestido de mi madre..., un vestido del año de la nana, verde...

ROSITA.—*(Melancólica.)* Con lazos negros..., y bullones[46] de seda verde Nilo.

MUCHACHO.—Sí.

ROSITA.—Y un gran lazo de terciopelo en la cintura.

MUCHACHO.—El mismo.

ROSITA.—Que cae a un lado y otro del polisón[47].

MUCHACHO.—¡Exacto! ¡Qué disparate de moda! *(Se sonríe.)*

ROSITA.—*(Triste.)* ¡Era una moda bonita!

MUCHACHO.—¡No me diga usted! Pues bajaba yo muerto de risa con el vejestorio puesto, llenando todo el pasillo de la casa de olor de alcanfor[48], y de pronto mi tía se puso a llorar amargamente porque decía que era exactamente igual que ver a mi madre. Yo me impresioné, como es natural, y dejé el traje y el antifaz sobre mi cama.

---

[46] Plegado de tela usado en trajes femeninos.

[47] Armazón en la cintura para abultar el vestido de las mujeres.

[48] Sustancia blanca, ardiente y de olor penetrante característico, que se obtiene del alcanforero. De múltiples usos; en el contexto, como repelente de la polilla.

ROSITA.—Como que no hay cosa más viva que un recuerdo. Llegan a hacernos la vida imposible. Por eso yo comprendo muy bien a esas viejecillas borrachas que van por las calles queriendo borrar el mundo, y se sientan a cantar en los bancos del paseo.

TÍA.—¿Y tu tía la casada?

MUCHACHO.—Escribe desde Barcelona. Cada vez menos.

ROSITA.—¿Tiene hijos?

MUCHACHO.—Cuatro.

(Pausa.)

AMA.—*(Entrando.)* Deme usted las llaves del armario. *(La* TÍA *se las da. Por el* MUCHACHO.) Aquí el joven iba ayer con su novia. Los vi por la Plaza Nueva. Ella quería ir por un lado y él no la dejaba. *(Ríe.)*

TÍA.—¡Vamos con el niño!

MUCHACHO.—*(Azorado.)* Estábamos de broma.

AMA.—¡No te pongas colorado! *(Saliendo.)*

ROSITA.—¡Vamos, calla!

MUCHACHO.—¡Qué jardín más precioso tienen ustedes!

ROSITA.—¡Teníamos!

TÍA.—Ven y corta unas flores.

MUCHACHO.—Usted lo pase bien, doña Rosita.

ROSITA.—¡Anda con Dios, hijo! *(Salen. La tarde está cayendo.)* ¡Doña Rosita! ¡Doña Rosita!

Cuando se abre en la mañana
roja como sangre está.
La tarde la pone blanca
con blanco de espuma y sal.
Y cuando llega la noche
se comienza a deshojar.

(Pausa.)

AMA.—*(Sale con un chal*[49]*.)* ¡En marcha!
ROSITA.—Sí, voy a echarme un abrigo.
AMA.—Como he descolgado la percha, lo tienes enganchado en el tirador de la ventana.

(Entra la SOLTERONA 3.ª, *vestida de oscuro, con un velo de luto en la cabeza y la pena, que se llevaba en el año doce. Hablan bajo.)*

SOLTERA 3.ª.—¡Ama!
AMA.—Por unos minutos no nos encuentra aquí.
SOLTERA 3.ª.—Yo vengo a dar una lección de piano que tengo aquí cerca y me llegué por si necesitaban ustedes algo.
AMA.—¡Dios se lo pague!
SOLTERA 3.ª.—¡Qué cosa más grande!
AMA.—Sí, sí; pero no me toque usted el corazón, no me levante la gasa de la pena[50], porque yo soy la que tiene que dar ánimos en este duelo sin muerto que está usted presenciando.
SOLTERA 3.ª.—Yo quisiera saludarlas.
AMA.—Pero es mejor que no las vea. ¡Vaya por la otra casa!
SOLTERA 3.ª.—Es mejor. Pero, si hace falta algo, ya sabe que, en lo que pueda, aquí estoy yo.
AMA.—¡Ya pasará la mala hora!

(Se oye el viento.)

[49] Paño de seda o lana que, puesto en los hombros, sirve como abrigo o adorno.
[50] «No quiera desvelar mi pena».

SOLTERA 3.ª—¡Se ha levantado un aire!...
AMA.—Sí. Parece que va a llover.

(La SOLTERA 3.ª *se va.)*

TÍA.—*(Entra.)* Como siga este viento no va a quedar una rosa viva. Los cipreses de la glorieta casi tocan las paredes de mi cuarto. Parece como si alguien quisiera poner el jardín feo para que no tuviésemos pena de dejarlo.

AMA.—Como precioso precioso, no ha sido nunca. ¿Se ha puesto su abrigo? Y esta nube... Así, bien tapada. *(Se lo pone.)* Ahora, cuando lleguemos, tengo la comida hecha. De postre, flan. A usted le gusta. Un flan dorado como una clavellina. *(El* AMA *habla con la voz velada*[51] *por una profunda emoción.)*

(Se oye un golpe.)

TÍA.—Es la puerta del invernadero. ¿Por qué no la cierras?
AMA.—No se puede cerrar por la humedad.
TÍA.—Estará toda la noche golpeando.
AMA.—¡Como no la oiremos...!

(La escena está en una dulce penumbra de atardecer.)

TÍA.—Yo, sí. Yo sí la oiré.

(Aparece ROSITA. *Viene pálida, vestida de blanco, con un abrigo hasta el filo del vestido.)*

AMA.—*(Valiente.)* ¡Vamos!

[51] Voz silenciosa.

ROSITA.—*(Con voz débil.)* Ha empezado a llover. Así no habrá nadie en los balcones para vernos salir.

TÍA.—Es preferible.

ROSITA.—*(Vacila un poco, se apoya en una silla y cae sostenida por el* AMA *y la* TÍA, *que impiden su total desmayo.)*

«Y cuando llega la noche
se comienza a deshojar».

(Salen, y a su mutis[52] *queda la escena sola. Se oye golpear la puerta. De pronto se abre un balcón del fondo y las blancas cortinas oscilan con el viento.)*

Telón

[52] En teatro, expresión que significa salir de la escena.

DESPUÉS DE LA LECTURA

«Lo que me ha pasado le ha pasado a mil mujeres»

Llega el momento, tal y como hemos señalado al final de la introducción, de disfrutar y aprender del legado de esta obra dramática.

«La vida es puro teatro», que dijo Erving Goffman, y así, en ocasiones, en nuestras vidas representamos un personaje que nos evite enfrentarnos a la realidad. Como ya sabemos, para Federico el teatro es, en gran medida, reflejo de la vida, y por tanto permite conocernos mejor a través de sus personajes, hasta el punto de que podamos aprender de sus errores o defectos, pero también imitar aquellas acciones y actitudes que nos parecen nobles y justas. La mayoría de propuestas de esta sección, «Después de la lectura», buscan una reflexión acerca de este valor universal que Federico infundió en su teatro y, por qué no, el destierro de esa máscara que nos atrapa en una realidad que no deseamos.

1. *Doña Rosita la soltera* es una obra breve que permite disfrutar de una **lectura en voz alta en el aula**. Para empezar, os invito a que hagáis primero el reparto de personajes. Podéis jugar con los tres actos, en el sentido de que en cada uno de ellos intervengan compañeros distintos, de forma que todos participéis de la lectura.

A continuación, y antes de efectuarla, deteneos en la caracterización de los personajes de la introducción, de modo que asimiléis al máximo la personalidad de cada uno y eso afecte, de forma positiva, en la lectura (los gestos, el tono y modulación de la voz son elementos que podéis utilizar).

2. Vamos ahora a analizar, también en el aula, la **visión crítica de Lorca sobre el teatro** a partir de los siguientes enunciados de una de sus charlas. Para ello, repartidlos y extraed de cada declaración los aspectos concretos que analiza el autor. Comentadlos y, a continuación, escribid un texto argumentativo reflexionando sobre ellos, en relación con cuestiones como el contexto cultural de nuestro entorno, el modo en que se establecen hoy en día las relaciones sociales y familiares o incluso de qué forma participamos de nuestro tiempo de ocio.

- «El teatro es uno de los más expresivos y útiles instrumentos para la edificación de un país y el barómetro que marca su grandeza o su descenso».
- «Un pueblo que no ayuda y no fomenta su teatro, si no está muerto, está moribundo; como el teatro que no recoge el latido social, el latido, histórico, el drama de sus gentes y el color genuino de su paisaje y de su espíritu, con risa o con lágrimas, no tiene derecho a llamarse teatro, sino sala de juego o sitio para hacer esa horrible cosa que se llama "matar el tiempo"».
- «El público de teatro es como los niños en las escuelas: adora al maestro grave y austero que exige y hace justicia, y llena de crueles agujas las sillas donde se sientan los maestros tímidos y adulones, que ni enseñan ni dejan enseñar».
- «Arte por encima de todo. Arte nobilísimo. Y vosotros, queridos actores, artistas por encima de todo. Artistas de pies a cabeza, puesto que por amor y vocación habéis subido al mundo fingido y doloroso de las tablas. Artistas por ocupación y preocupación. Desde el teatro más modesto al más encumbrado se debe escribir la palabra *arte* en salas y camerinos, porque si no vamos a tener que poner la palabra *comercio* o alguna otra que no me atrevo a decir».

3. Releed en clase el diálogo entre el ama y la tía del segundo acto. Es una conversación emotiva y seria acerca de la relación entre ambas y doña Rosita. A partir de él, comentad en el aula el vínculo entre teatro y vida y la trascendencia personal que para Federico suponía la figura del ama.

Diálogo:

AMA.—*(Llorando.)* Yo doy todo lo que tengo por Rosita.
TÍA.—¡Es que tú la quieres como nadie!
AMA.—Pero después de usted.

TÍA.—No. Tú le has dado tu sangre.

AMA.—Usted le ha sacrificado su vida.

TÍA.—Pero yo lo he hecho por deber y tú por generosidad.

AMA.—*(Más fuerte.)* ¡No diga usted eso!

TÍA.—Tú has demostrado quererla más que nadie.

AMA.—Yo he hecho lo que haría cualquiera en mi caso. Una criada. Ustedes me pagan y yo sirvo.

TÍA.—Siempre te hemos considerado como de la familia.

AMA.—Una humilde criada que da lo que tiene y nada más.

TÍA.—Pero ¿me vas a decir que nada más?

AMA.—¿Y soy otra cosa?

TÍA.—*(Irritada.)* Eso no lo puedes decir aquí. Me voy por no oírte.

AMA.—*(Irritada.)* Y yo también.

(Salen rápidas una por cada puerta. Al salir, la Tía se tropieza con el Tío.)

TÍO.—De tanto vivir juntas, los encajes se os hacen espinas.

TÍA.—Es que quiere salirse siempre con la suya.

TÍO.—No me expliques, ya me lo sé todo de memoria... Y sin embargo no puedes estar sin ella. Ayer oí cómo le explicabas con todo detalle nuestra cuenta corriente en el banco. No te sabes quedar en tu sitio. No me parece conversación lo más a propósito para una criada.

TÍA.—Ella no es una criada.

4. El diálogo final entre la tía y Rosita tiene un gran valor testimonial, a la vez que se deduce la intención moralizante de la obra.

Leedlo de nuevo detenidamente y escribid una reflexión acerca de su mensaje. Las siguientes preguntas y enunciados pueden ser de ayuda:

- La experiencia de los mayores como modelo de vida y crecimiento personal.
- El conocimiento del yo y de lo que me rodea como fuente de inspiración vital.
- ¿En qué medida la opinión de los demás es clave en mi toma de decisiones?

- Aprender a vivir. ¿Es un proceso o nacemos con un destino al que no debemos renunciar bajo ningún concepto?
- *Collige, virgo, rosas...* y la rosa *mutabile*. Un mismo tópico para describir una actitud ante la vida.

Diálogo:

TÍA.—Ese es el defecto de las mujeres decentes de estas tierras. ¡No hablar! No hablamos y tenemos que hablar. *(A voces.)* ¡Ama! ¿Ha llegado el correo?

ROSITA.—¿Qué se propone usted?

TÍA.—Que me veas vivir, para que aprendas.

ROSITA.—*(Abrazándola.)* Calle.

TÍA.—Alguna vez tengo que hablar alto. Sal de tus cuatro paredes, hija mía. No te hagas a la desgracia.

ROSITA.—*(Arrodillada delante de ella.)* Me he acostumbrado a vivir muchos años fuera de mí, pensando en cosas que estaban muy lejos, y ahora que estas cosas ya no existen sigo dando vueltas y más vueltas por un sitio frío, buscando una salida que no he de encontrar nunca. Yo lo sabía todo. Sabía que se había casado; ya se encargó un alma caritativa de decírmelo, y he estado recibiendo sus cartas con una ilusión llena de sollozos que aun a mí misma me asombraba. Si la gente no hubiera hablado; si vosotras no lo hubierais sabido; si no lo hubiera sabido nadie más que yo, sus cartas y su mentira hubieran alimentado mi ilusión como el primer año de su ausencia. Pero lo sabían todos y yo me encontraba señalada por un dedo que hacía ridícula mi modestia de prometida y daba un aire grotesco a mi abanico de soltera. Cada año que pasaba era como una prenda íntima que arrancaran de mi cuerpo. Y hoy se casa una amiga y otra y otra, y mañana tiene un hijo y crece, y viene a enseñarme sus notas de examen, y hacen casas nuevas y canciones nuevas, y yo igual, con el mismo temblor, igual; yo, lo mismo que antes, cortando el mismo clavel, viendo las mismas nubes; y un día bajo al paseo y me doy cuenta de que no conozco a nadie; muchachas y muchachos me dejan atrás porque me canso, y uno dice: «Ahí está la solterona»; y otro, hermoso, con la cabeza rizada, que comenta: «A esa ya no hay quien le clave el diente». Y yo lo oigo y no puedo gritar, sino vamos adelante, con la boca llena de veneno y con unas ganas enormes de huir, de quitarme los zapatos, de descansar y no moverme más, nunca, de mi rincón.

5. Los textos literarios conectan de diversas formas con los lectores. Con el ejercicio de libertad que nos otorga la lectura y la capacidad transformadora de la literatura, os invito a que recreéis otra historia de doña Rosita.

Para ello, en equipos, **construid en el aula finales distintos**. Imaginad para ello conceptos, ideas, situaciones, otros personajes, todo aquello que tenga valor significativo en esa propuesta creativa. Por ejemplo, podéis utilizar con libertad palabras y conceptos como reencuentro, renuncia, voluntad de vivir, venganza.

6. Doña Rosita, personaje principal de la obra, con su obstinada y consciente actitud, invita a reflexionar acerca de **la evidencia del paso del tiempo y sus irreparables consecuencias**. Este tema de la literatura universal está muy presente en el conjunto de la obra de Federico.

Os invito a profundizar en ella reconociendo y seleccionando poemas que se refieran a este motivo. Sirva como ejemplo la lectura de los poemas «Baladilla de los tres ríos» y «Elegía». ¿Qué estrofas o versos remiten directamente al personaje de doña Rosita? Relaciónalos con momentos o pasajes de la obra.

7. *Doña Rosita* se sitúa cronológicamente entre 1885-1910. La acción nos permite aprender de la época que describe y reconocer la mirada con la que Federico quiere trasladarla a los espectadores. Hay aspectos de la sociedad y sus costumbres que nos pueden sorprender, y la situación de la mujer es sin duda uno de los más interesantes. El propio autor describe de esta forma la vida de la protagonista: «Una vida sin fruto, sin objeto, cursi. ¿Hasta cuándo seguirán así todas las doñas Rositas de España?».

¿Qué papel y estado de la mujer en la época se deducen de estas palabras? ¿Qué actividades, actitudes y declaraciones de las mujeres de *Doña Rosita* te permiten relacionarlas con ese rol? ¿Crees que hay alguna relación con la situación de la mujer actualmente? Para apoyar estas y otras preguntas investigad acerca de las condiciones de la mujer a lo largo del siglo XIX.

8. La **fraseología** es la parte de la lingüística que estudia, entre otros modos de expresión, los modismos y refranes existentes en una lengua, en el uso individual o en el de algún grupo. La materialización de dicho mecanismo expresivo es, entre otros, la paremia, el refrán, el proverbio, la sentencia.

En *Doña Rosita* encontramos ejemplos de estos. Su valor es fundamental, ya que aportan un conocimiento asociado a la sabiduría popular, a la vez que aspectos socioculturales necesarios para entender el significado de la obra.

Con la ayuda de los compañeros de clase, recoged e intentad clasificar según sean refranes, proverbios, modismos presentes en el texto.

¿Cuáles de ellos creéis que tienen hoy en día valor por su significado?

Os propongo la consulta del documento «Las paremias y su clasificación». Está alojado en el portal Dialnet de la Universidad de la Rioja y os ayudará en el desarrollo de esta actividad tan interesante. Se encuentra disponible en: <https://dialnet.unirioja.es/servlet/libro?codigo=791228>.

9. Como bien sabéis, la **acotación escénica** contiene una información variada sobre aspectos de la obra teatral. Sin ella perderíamos matices e interpretaciones muy interesantes que nos ayudan a interpretarla.

A continuación, tenéis una clasificación para buscar ejemplos de acotaciones en *Doña Rosita.* Evidentemente, no tienen que aparecer todas. Es muy importante que apreciéis de qué forma las referidas a los personajes nos permiten conocer sus estados emocionales y actitudes en distintas situaciones.

1. Personales (referidas al actor o al público):
   a. Nominativas (nombran a los interlocutores).
   b. Paraverbales (prosodia, entonación, actitud, intención...).
   c. Corporales:

- De apariencia (maquillaje, peinado, vestuario).
- De expresión (mímica, gesto, movimiento).

d. Psicológicas (mundo interior: sentimientos, ideas...).
e. Operativas (acción: matar, comer...).

2. Espaciales (decorado, iluminación, accesorios...).
3. Temporales (ritmo, música, movimientos...).
4. Sonoras (música, ruidos...).

10. ¿Sabías que con frecuencia empleamos **recursos retóricos en el habla cotidiana**? La riqueza expresiva y cultural de un idioma está, en gran medida, en el reconocimiento y uso propio que de él hacen los propios hablantes. Depende de nosotros conservar y legar ese tesoro.

Federico, consciente de esa riqueza, dota a sus obras de un lirismo en armonía con el sentir popular heredado y que intensifica el modo de expresión de su obra. En concreto, las secuencias líricas de *Doña Rosita* son una buena muestra. En trabajo de grupos en el aula podéis identificar recursos retóricos presentes como metáforas, símbolos, metonimias.

11. El personaje de **D. Martín** está inspirado en una persona real en el contexto de la formación académica de Federico. La educación es otra cuestión global desarrollada por autores como Antonio Machado, quien, a través del poema «Recuerdo infantil», traslada una visión particular acerca de este tema. En el siguiente enlace del portal Cervantes Virtual tenéis el poema escrito y además un vídeo del texto adaptado al lenguaje de signos.

Os invito en el aula a la siguiente experiencia: escoged alguien que lea en voz alta el poema original, mientras el resto de la clase sigue la lectura adaptada. Debe haber como es lógico una sincronización de ambas lecturas. A continuación, analizad y comparad el fragmento seleccionado de la intervención de Martín en *Doña Rosita,* con el poema de Machado para contestar a las siguientes cuestiones:

- ¿Qué visiones ofrecen ambos textos sobre la educación? Contrastadlas.

- ¿Qué actitudes crees se deberían corregir y cuáles son necesarias?
- ¿Crees que los patrones de conducta representados se repiten en la actualidad?

Disponible en: <https://www.cervantesvirtual.com/portales/ver_la_poesia/709191_recuerdo_infantil/>.

12. Los **espacios** en la obra literaria pueden llegar a tener una importancia simbólica, más allá del valor de localización en el desarrollo de la acción. La literatura universal está llena de grandes ejemplos: *Historia de una escalera* de Antonio Buero Vallejo, *La Regenta* de Leopoldo Alas Clarín o *El jardín de los cerezos* de Chejov son algunos de ellos. Acudid a esta última obra: os propongo la lectura y búsqueda de similitudes con *Doña Rosita* en lo que se refiere a los espacios representativos. Podéis escoger pasajes y compararlos para daros cuenta de que, efectivamente, además de la narración y los personajes, el espacio también es el alma de una bella aunque dramática historia.

13. La literatura y el cine utilizan lenguajes distintos pero que convergen en intención comunicativa. Os propongo la visualización de dos películas que podemos llegar a relacionar con algún aspecto temático de *Doña Rosita.* Me refiero a *Madres paralelas* del español Pedro Almodóvar y *Todos lo saben* del director iraní Asghar Farhadi. Aunque los argumentos de dichas películas nada tengan que ver con la trama de la obra, en ellas se plantea también la distinción entre la verdad social, consentida por todos, aunque nadie admita, y la verdad personal oculta, cuya aceptación es necesaria para poder reconciliarse con uno mismo y tener la oportunidad de seguir adelante en la vida.

Reconoced en ambas películas las situaciones y los personajes que guardan relación con estas afirmaciones y realizad una comparación con *Doña Rosita.* Esta actividad permite la realización de murales en los que se puedan recrear gráficamente los contrastes y similitudes planteados.

14. Otra actividad de aula que os planteo es la realización de un **herbario de aula de *Doña Rosita*,** de forma que podamos acercarnos a la obra de Federico a través de los aromas que desprende. Para ello tendréis que hacer equipos de clase que hagan las siguientes tareas o aquellas que se os ocurran relacionadas con esta olorosa experiencia:

- Recopilar alfabéticamente las flores, hierbas y plantas de *Doña Rosita.*
- Dibujarlas y exponerlas en murales.
- Diseñar marcapáginas.